居日菜鳥の求生術

港人在日的生活攻略本

Mika 著

萬里機構

朋友序

與 Mika 相識在香港的傳媒世界，一起去採訪、吃飯、玩樂、吹水。每次看她的文字，就像見到她真人一樣，活潑又搞笑，很可愛。所以當知道她要一個人飛去東京留學工作，就很期待她的居日生活。

Mika 的東京物語，引起居日港人的不少共鳴——如我，就是其中之一。離開香港傳媒界後，我們一個往北（北海道）、一個往東（東京）。在日本生活的喜怒哀樂，只有彼此才了解。例如住入一屋都是日本人的 share house，不只可以瘋狂練日文，更能讓你見識到日本人各式各面。對於初來報到的日本住民來說，的確是廿四小時日本世界速成班。

還有，每次碰面總少不免講起戀愛話題——大講日本男友的壞話（？）。我是因為愛情跑到北海道，現在已經是人妻了。當初總期待有一日 Mika 也能抓緊幸福，交個日本男友，然後我們可以一起去ダブルデート（兩對情侶一起去約會）。想不到這會成真！看着兩小口溫馨搞笑的互動，真的很期待她早日加入人妻行列啊！

雖然每次見 Mika，她都好像又瘦了一點，但當見到她的facebook 與兩隻愛貓的照片和近況，都會放心，又忍不住為她打氣。

追夢總要點熱血和衝動。想體驗日本生活、甚至打算移民？首先你要了解日本的真實眾生相。如果當初我有看過這本書才來日，或者會順利一點？

《我把自己寄到北海道》作者
Facebook 專頁《鮭，頑張囉！》版主

自序

　　心之所向，身之所「住」。四年前毅然辭職定居日本，是我一生中做過最棒的決定。

　　自從小時候跟家人去過日本旅行後就愛上了日本。旅行必去日本，吃飯必選壽司，就連落街踢拖也要踢木屐，哈日病情相當嚴重。大學選科時想主修「日本研究」，因為可以去日本當一年交換生，簡直正中下懷，卻因為反對聲音而打斷念頭。大學畢業後出來社會立足，發現自己還是很愛日本，開始去日文學校從五十音學起。後來覺得既然這麼喜歡，又想認認真真學好日文，何不索性辭職留學日本？

　　決定了就向前衝，很快我便成為了東京住民。雖然每天撞板多過食生菜（誰叫那時還未有這本書！），但很快我就發現自己天生就很適合住在日本。大家都怕怕的「日本職場飲酒會」、「日本人的距離感」對我來說都是小菜一碟，甚至覺得日本的種種文化都更適合我的性格。

　　如果可以，我希望一直都住在日本。這裏已經是我的家了。

　　人生之中，很多人都喜歡衝出來否定我們。「上好大學？以你的成績不可能！」、「養貓養狗？你有鼻敏感不可能！」、「住日本？日本職場超可怕不可能！」我們連每天早上起床這麼困難的事也做到了，人類甚至要上太空旅行了，還有甚麼是不可能的呢？

　　我的日本故事，也可以變成你的故事。不過在這之前，想請你先看看我的故事，以免你來到日本要食太多生菜（笑）。

　　但願這本書能帶給大家傾聽自己內心所想、追求夢想的勇氣，還有讓你明白在垃圾堆上鋪上藍色網子有多麼重要。

目錄

CHAPTER 01
"住"日本住民三級跳
移家日本的真實生活

CHAPTER 02
日本職場打怪獸

CHAPTER 03
港日戀愛指南

CHAPTER 01

"日本住"民三級跳

移家日本的真實生活

第一級
Share House
來日初哥避風港

01 Share House：
日本菜鳥住民恩物

　　想在日本安家樂業，要先過五關斬六將。第一關，就是要有個「家」。對留學生來說，住宿選擇離不開學校宿舍、普通公寓和 share house 三大類。我報讀的日文學校宿位不多，加上不想上課下課都只是對着日文學校的同學，所以很快我就放棄了入住學校宿舍的念頭。

　　住在普通公寓其實是個不錯的選擇，因為這代表我會擁有一個完全私人的空間，喜歡幾點睡就幾點睡，可以隨便在家裏盡情放屁、挖鼻孔、打飽嗝不用看人臉色，完全是我這種剛剛來到日本、每天都超用力想多呼吸一點自

我的房間是一間約 6 疊（一疊約等於 1.62 平方米）大小的和室，有着傳統日式旅館的榻榻米和紙窗，廚房和洗手間就和其他住客一起共用，房租大約一個月 6 萬日圓。

由空氣的「甩繩馬騮天國」！不過現實當中，願意租屋給外國留學生的房東實在不多，加上租屋的初期費用（包括禮金、按金、租金、保證金等），大部分最少都需要 30 萬日圓左右，租約大多要簽兩年，Wi-Fi、水電煤等等全部要自己開通，對於只想短租一年的我實在不太合適，所以很快我就鎖定目標，決定留日第一年要住在「日本住民菜鳥恩物」──share house。

為甚麼說 share house 是「日本住民菜鳥恩物」呢？不要以為我當日本情報網站的小編久了習慣誇大其辭，甚麼東西都說是「恩物」（心虛心虛），我可以拍心口告訴大家，share house 是「真恩物」！

費用相宜 雜項一筆清   安！！

首先很多 share house 都可以短租。我租住的那家 share house 最短可以只租 3 個月，當然想租足一年也完

2016 年，我帶着一共 30 公斤行李──兩個行李箱一大一小，連同一部按摩機（到底有多想按摩要特地從香港帶過來？！），就這樣放下了在香港的一切，一個人來到了日本。

全沒有問題，這表示住客身上不會有 2 年「死約」在身，同時亦不用付那筆貴到嚇死人的初期費用，對於沒有經濟能力的學生哥等菜鳥住民來說實在很有吸引力。最後想退租的時候，只要一個月前通知房東就可以了，非常自由，所以不少打工度假（working holiday）的朋友在找到正職前都會先住在 share house，在找到工作時才正式搬上普通公寓居住，個人覺得這做法真的挺不錯啦（雖然我沒試過打工度假）～

第二！因為 share house 的水、電、煤等等都是公用的，基本上房東都會幫忙付清這些雜費，住客每個月只需要付一筆定額的「共益費」就可以了，大約 5,000 至 1 萬日圓左右。雖然自己付雜費也不難，只要到便利店交錢就是了，不過剛開始住進普通公寓時，須要自己打電話去電力公司、煤氣公司等申請服務，如果日文能力不足以講電話的話，個人覺得有點麻煩～我有朋友試過剛住進普通公寓時，因為不知道要自己打電話去申請煤氣服務，結

我住的 share house 房東人很好，駕車來接我之餘，還在我正式入住前帶我去了一趟「驚安之殿堂」購買枕頭被鋪和其他日用品，一次過幫我把所有東西都載回家。回想起來，對於那時候連「驚安」是甚麼都不知道的我真的幫了一個大忙。要是住在一般公寓絕對沒有這個待遇！

果搬家第一天就因為沒有熱水洗澡而超狼狽地要臨時光顧錢湯（日本公眾浴場），所以對剛來日的菜鳥來說，選擇 share house 就可以免卻這種明明是芝麻綠豆卻可以弄得很麻煩的小事。

與日本人同居 日本生活速成班 学ぶ

　　第三，個人覺得這一點非常重要，就是可以體驗跟日本人一起生活，迅速了解和融入日本文化，順道學學地道的日文。有很多人留學日本念語言學校，日文卻學得不好，就是因為沒有機會接觸日本人。學校裏所有同學都是外國人，而很～多～學校都有大量來自內地、台灣、香港等地會說普通話的學生。同學們只要一下課，甚至是上課時都會吱吱喳喳地說中文，可想而知日文不會學得好。可是作為日文超水皮的留學生，想增加跟日本人交流的機會卻不是那麼容易。各種大學的國際交流會最多一、兩個星期才會舉辦一次；剛開始學日文時也很難找到打工的機會。思前想後，還是住進都是日本人的 share house 最

剛來日本留學時我有一段長時間都要十分省吃儉用，用納豆加上白飯就解決一餐。

簡單直接。當年我住的 share house 的室友幾乎 100％都是日本女生，對於喜愛日本文化、想跟日本人交朋友、了解日本多一點的我來說，每一天都過得非常幸福。留意：不是每一家 share house 的住客都全是日本人，不過有些網站上會標明入住者的國籍和人數，我則是自己用 Google Translate 的破日文傳電郵給房東問：「請問目前的入住者都是日本人嗎？」總之只要努力一下，一定會找到滿滿都是日本人的 share house！

　　現在回想起來，當年不少日文功課都是多得 share house 的大家幫忙，有時遇到連日本人也不會回答的難題，想起都覺得場面十分搞笑！還有在日的外國人都很不習慣的垃圾分類：甚麼東西是可燃垃圾，甚麼東西是不可燃垃圾（最初我只知道漫畫雜誌《少年 JUMP》是可燃垃圾！）；膠樽的哪個部分可以回收，哪個部分不可以回收等等，都是靠大家天天教我才能夠迅速適應日本生活。那一年的 share house 生活，真的是一段很奇妙、很幸福的旅程（不是迪士尼廣告啦）～

一年間的 share house 生活奇妙又幸福，真的跟去東京迪士尼樂園旅行一樣開心！

02

我家就在
日本最愛歡迎居住點
○○○○○○旁邊！

　　如果說我花了足足一整個星期去考慮到底要住在 share house 還是普通公寓的話，決定要住在哪一個區我應該花了三個星期、再三個星期、再三個星期……久到我都忘記確切時間了！老實說選擇住在東京，並不是因為東京是日本之中我最喜愛的地方，而是因為東京是學日文的最佳地點，一來日文學校選擇多，二來大家都會說「標準語」（非方言），不用怕上學時說標準語，下課後卻要「轉台」說關西腔，事實上我對於東京的了解實在少之又少。東京有幾多區、每個區有甚麼特色等等，我統統都一竅不通！最後因為我的日文學校位於板橋區，我就決定以板橋為中心點，距離板橋區坐電車 40 分鐘內能到的 share house 全都看看，然後卻發現……數！量！極！多！根本看不完啊！於是我就開始搜尋日本的「最受歡迎居住點」，同時又是距離我的日文學校 40 分鐘內就去到的地點，一下子範圍就收窄了很多。

東京都最受歡迎居住點排行榜第四位的中目黑，是東京都數一數二的賞櫻名所。照片是媽媽來東京探我時一起到中目黑賞夜櫻時拍下的。

住みたい

最受歡迎居住點排行榜 2016

東京都

沒記錯我當年看到的「東京都最受歡迎居住點排行榜」是這樣的：

1 位 池袋（山手線、埼京線、東武東上線、西武池袋線、丸ノ内線、有楽町線、副都心線）

2 位 荻窪（中央線、総武線、丸ノ内線）

3 位 吉祥寺（中央線、総武線、京王井の頭線）

4 位 中目黒（東横線、日比谷線）

5 位 恵比寿（山手線、埼京線、日比谷線）

6 位 中野（中央線、総武線、東西線）

7 位 高円寺（中央線、総武線）

8 位 渋谷（山手線、埼京線、京王井の頭線、東横線、田園都市線、銀座線、半蔵門線、副都心線）

9 位 三軒茶屋（田園都市線、世田谷線）

10 位 阿佐ヶ谷（中央線、総武線）

來源：【みんなが住みたい東京の街 BEST10（2016年上半期）】
https://realestate.yahoo.co.jp/magazine/ksano/20160829-00000001

　　看完這個表，大家是不是覺得一頭霧水，有很多地名、電車線路都沒聽過呢？當年的我簡直就是滿頭問號，只好逐點逐點查來看看啦～

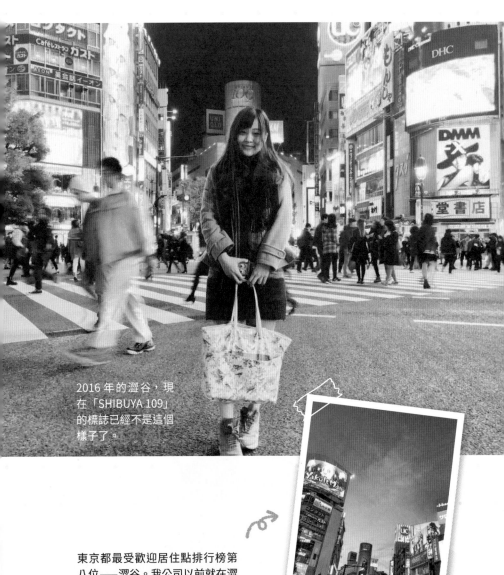

2016 年的澀谷，現在「SHIBUYA 109」的標誌已經不是這個樣子了。

東京都最受歡迎居住點排行榜第八位——澀谷。我公司以前就在澀谷，一個青春洋溢、百看不厭的時尚區，有機會我也想住住看。

第一位 池袋

　　首先第一位的池袋，相信很多人都非常熟悉，特別是宅宅們一定不會感到陌生，因為這裏簡直就是個動漫天堂！池袋的交通非常方便，一共可以使用 8 條（除了上表中的 7 條線，還有「湘南新宿線」）電車線到達，當中包括一條超著名的東京交通命脈「山手線」！山手線可以去到池袋、新宿、上野等等大型車站，始發（頭班車）早，終電（尾班車）晚，所以基本上山手線沿線的公寓都很受歡迎。加上如果坐「埼京線」的話，從池袋到我的日文學校（板橋）就只需要 2 分鐘，這麼近的上學距離，是我在香港想都不敢想的！

　　可是最後我還是沒有選擇住在池袋，甚至有一點抗拒，因為池袋是東京都內出了名的唐人街，這裏有大量中國人聚居，隔籬鄰舍、街坊鄰里都可能是中國人，而一般

池袋充滿了中國人開的正宗中國料理店，想家的時候去池袋吃個中式打邊爐，吃着平時在日本不會吃到的鴛鴦湯底，感覺就跟回到了香港一樣。

商店內也很常見到中國店員，可想而知住在池袋的感覺並不像住在日本，反而更像在中國！那時候我才剛準備來日本，一心想鍛鍊自己的日文，融入真正的日本生活，當然想住在很有日本感覺、到處都是日本人的地方，所以就沒選到池袋了。誰想到後來我會誤打誤撞住進了池袋，一住就住了三年，更愛上池袋了呢。

第三位　吉祥寺　家價好高！！

我忘了為甚麼完全沒有考慮過第二位的荻窪，不過就煩惱了很久要不要住在我去東京旅行必到的第三位吉祥寺！吉祥寺常佔據日本人最喜愛的東京居住點排行榜高位，因為吉祥寺可說是個購物天堂，除了有大商場之外，也有舊式商店街和大量很有格調的個性小店。

池袋到底有多中國？就是連便利店都有賣「王老吉」的程度！

吉祥寺井の頭恩賜公園，櫻花季來撐船賞花真的美極了。不過傳說情侶在這裏一起撐船後會分手，有興趣前往的情侶們要注意一下啊（笑）

另一方面，吉祥寺並不是只有大都會的一面，還有「井の頭恩賜公園」等可以欣賞自然風光的休憩場所，這種同時集齊都市和郊區優點的地方實在不多，為吉祥寺大大加了好幾分。最後雖然吉祥寺並不屬於東京都心的 23 區，不過只需要坐一程車，花 15 分鐘就能來到東京的市中心新宿，難怪日本人對住在吉祥寺這般趨之若鶩。不過愈受歡迎的地點，房租就自然愈貴。像吉祥寺這種美好的地方，實在不是一般留學生可以住得起啊⋯⋯如是者，我住在吉祥寺的夢就這樣破碎了。

吉祥寺有很多意想不到的獨特小商店，好像這家就只賣青蛙主題的精品，人氣高企。

第七位　高円寺

　　高円寺近來好像在海外越來越高知名度了？高円寺感覺跟吉祥寺差不多，長年都很受日本人歡迎，而且高円寺的居民還很為自己住在高円寺而驕傲！在我的眼中，高円寺有一種獨特的日本魅力，這裏沒有太多遊客，不會像新宿、池袋般嘈雜煩囂，但卻一點都不會冷清。高円寺的商店街內有很多個性古著小店、民族風小店，還有各式各樣的居酒屋，是一個年輕人追夢、朋友相聚飲兩杯的好地方。當初我就是被高円寺的「純情商店街」吸引住，最後決定要住在高円寺，很「純情」吧（笑）！

　　不過高円寺的 share house 意外地選擇不多，房租也略高，到最後我租了一家位於「東高円寺」的 share house，算是成功住了在日本最受歡迎居住點⋯⋯的旁邊吧！可是從「東高円寺站」到「高円寺站」走路要走 20

分鐘，想坐電車的話，竟然還要專程到荻窪轉乘才能去到！到最後我住在東高円寺的一年當中，好像只去了高円寺 5 次左右……反而因為每天都要在新宿轉車才能上下課的關係，我逗留在新宿的時間比想像中高了好幾千倍。到幾年後的今天回頭一看，因為喜歡高円寺而住在東高円寺的決定，實在是太蠢了啦！

高円寺純情商店街感覺十分舒服悠閒，這裏隱藏了不少個性古著店和各種小店，是個假日「尋寶」的好地方。

03 噁心的跟蹤男，不要再跟着我！

　　為甚麼說住在東高円寺很蠢呢？因為這個地方對於剛來日本、日文完全是幼兒班級數、還未習慣日本生活的我實在太「高階」！從車站走回我住的 share house，大約需時 10 分鐘左右。因為是住宅區的關係，附近只有民宅，沒有任何商店，非常安靜，抬起頭還可以看到繁星閃閃。對於大部分日本人來說，這種安靜的住宅區是最理想的居住環境，不過對於我來說，由於晚上回家時這十分

東高円寺車站有較多商店，轉進住宅區後馬上變得很安靜。

鐘路程中經常一個路人也蹤不到，加上每棟住宅看起來也一模一樣，害我足足花了一個月時間才能不靠 Google Maps 成功自己找到回家的路。況且那邊街燈數量寥寥可數，萬一在回家路上發生了甚麼事情，不會日文的我真是不知怎麼辦……

　　然後這個「萬一」，就在我剛來到日本一個月左右的時候發生了。

日文不靈光　求救無門 助けて

　　我住在東高円寺那年正在念日文學校，那時候同學們經常會在晚上一起出去玩，曾經有一次因為錯過了尾班車，結果我就從中野走路回東高寺。那時候我記得明明不算太晚，大約是剛剛錯過了尾班車的時間，即是差不多凌晨 12 點半、1 點左右吧。我在中野回家路上走着走着，忽然就發現有個陌生男子騎着單車，一路在我身後

春天從家裏走出來
就會看到櫻花，是
不少日本人心目中
的理想居住點。

跟着我。那時候我心裏當然十分害怕，可是路上一個人都沒有，如同死城一樣，我唯有小跑步似的愈走愈快，希望他會知難而退。可是對方騎的是單車啊，如果我走路能比他騎車更快，就跟小明與火車賽跑時勝過火車的概念一樣荒謬。

　　他也應該心想，既然都被發現了，就不用再在後面偷偷摸摸左跟右跟了，於是他就前來跟我搭話。「你住哪啊？」、「你幾歲啊？」、「你是學生嗎？」、「你在幹甚麼啊？」、「你要去哪裏？」還有一大堆我聽不明的日文。如果不是因為我很害怕，我一早就反了他白眼，明顯就在走路回家啊！不然是在深夜散步細味路邊廢氣嗎？！可是那時候因為日文不靈光，加上是「方向音痴」（路痴）的關係，完全沒辦法好好解釋情況，也沒法清楚說明地址，所以沒有打電話報警，最多只能打電話給日文學校的朋友求救（好孩子不要學，一定要報警求助！）不過這樣一來

他就會知道我是外國人，不知道會不會更得寸進尺放肆起來，於是我又如是者靜靜地走了十多分鐘，他又如是者跟了我十多分鐘。直至我走到東高円寺站附近，路上終於出現了一對路人男女迎面而來，我便馬上趁機發足狂奔，終於成功甩掉了那個跟蹤男。那時腦袋一片空白，也不知道自己正跑向甚麼方向，總之不是向着自己家跑去就對了。

從此以後，我再也不敢錯過終電後走路回家，可能也是因為這件事，後來我才願意住進池袋—因為無論幾點都好，街上總會有超多路人和居酒屋拉客的職員，讓我覺得非常安心！只是間中會想起東高円寺的星星，那裏的星星陪了我三百六十個晚上，真的特別閃耀漂亮。

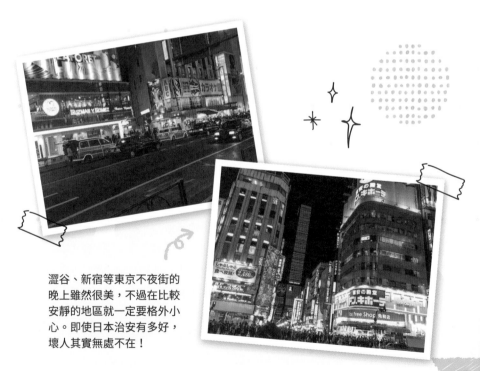

澀谷、新宿等東京不夜街的晚上雖然很美，不過在比較安靜的地區就一定要格外小心。即使日本治安有多好，壞人其實無處不在！

菜鳥住民的災難

気まずい

有萬用「漢字手寫法」還是買不了雞蛋！

　　星星雖然漂亮，不過再多也不夠保佑我免除災難發生。初來乍到，住在 share house 的難關第一位應該就是日文。我在香港只學到日文 N5 程度就來日本了，N5 程度大概就是懂得問「請問洗手間在哪裏？」而對於對方的答案一粒字也聽不懂的程度吧。老實說，很多房東都不太歡迎不懂日文的外國人，怕跟 share house 內的其他

初來日本時因為看不懂日文的關係，每次都買寫有漢字的調味料，保證不會出大事。

日本人溝通不了。但那時候我為了租房子，用盡一切方法用日文跟房東溝通，房東認為我日文雖然說得一塌糊塗，不過勝在願意說、願意查字典，所以就讓我住進來了。

可是住進來之後，發現語言真的是一大難關。日文學校會教的生字，跟你在家裏要說的生字完全不一樣，所以下課後除了要做功課、複習在學校學了的東西、預習下堂課的內容，還要額外學習日常生活會用到的日文，才能好好跟家裏的日本人溝通，不帶給她們麻煩——不過事實上我還是令大家都很麻煩。例如煮飯的時候，想問湯勺在哪裏？調味料在哪裏？我明明張開嘴巴了，卻吐不出一個生字來。湯勺還好，做做動作，畫畫圖，用身體語言就解決到，可是調味料之類比較抽象的東西就很難表達了。那時候我除了睡覺之外，都會隨身帶備一本小本子，有甚麼事就會馬上用漢字跟大家溝通，最初來到日本的兩三個月，都是用這個「漢字手寫法」去解決各種日文問題。

當年第一次
成功買到溫
泉蛋！

好在我的宿友們都很好，有時我要去超市買東西，她們還會幫忙在我的小本子上用日文寫上我所需要的東西，讓我在超市可以對照着來買東西，不然就直接讓店員看看本子就好，解決了我生活上的一大煩惱。不過有時我還是會想自己用日文跟店員對話，有一次我就在超市問店員「請問雞蛋在哪裏？」，「雞蛋」的日文是「TA（第6聲）–媽–GO（達哥那個哥）」，我卻太天真地以為直接唸做「他媽哥池」那個「他媽哥」，結果講了一大輪店員還是聽不懂，甚至以為我要買煙「TA（第6聲）–爸–KO」……無論是因為日文說不明白，還是因為我看起來像要買煙，讓我十分氣餒。回家後跟宿友們七情上面哭訴一番，大家都安慰我說店員太蠢了為甚麼聽不明白，不過到今天我就知道，說「他媽哥」會聽得出是要買雞蛋才怪！

為甚麼要買雞蛋？因為我想試試看日本人早餐時常吃的生雞蛋拌飯（TKG）～加上醬油或泡菜一起吃就是一餐啦。

不會掉垃圾的人是垃圾！

在日本生活必須學會的，除了日文就是垃圾分類。這是在日本作為一個高質人類必須要學會的一個基本技能，如果無視垃圾分類的規則亂丟一通，我相信真的會被日本人歧視你。首先垃圾分類最簡單就是看看哪些是可回收的垃圾，例如鋁罐、膠樽等等。不過膠樽並不是將整個膠樽放進去垃圾桶就完成，還要把包裝紙撕走、樽蓋拿走，把樽內的液體全部丟掉，再用清水洗乾淨才可以放進垃圾桶。

對我來說最難分的就是可燃垃圾和不可燃垃圾，最初我差不多每件垃圾都要問問宿友這是可燃還是不可燃啊？慢慢才搞得清楚。不過有些物品就連日本人也不知道是可燃還是不可燃，雨傘就是一個例子。雨傘的布料是可燃垃圾，可是布料以外卻是不可燃垃圾，認真分類的話，要把雨傘的布料剪出來，將它和雨傘的骨幹、手柄分開才可以丟掉。除此之外，還有一種「粗大垃圾」，即是家具那類大型垃圾。要丟掉粗大垃圾首先要打電話預約，再去

才剛剛搬進 share house 就輪到我當值掉垃圾的日子，第一天就忘記掉垃圾了……

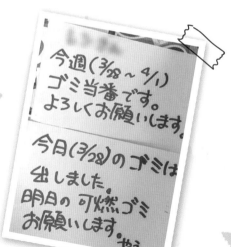

今週(3/28～4/1)
ゴミ当番です。
よろしくお願いします。

今日(3/28)のゴミは
出しました。
明日の可燃ゴミ
お願いします。やえ

便利店買張「粗大垃圾貼紙」貼在垃圾上面，並在指定時間前將垃圾放到指定地點才算完成。有些地方會有閉路電視，如果發現有人亂丟粗大垃圾，就會公開閉路電視截圖，貼在案發地點「緝凶」，要求事主妥善處理粗大垃圾，在日本掉垃圾這部分真是學問大啊。

　　住在 share house 的時候，掉垃圾是採用輪班制的。我的小區每個星期分別有兩天收可燃垃圾和資源回收垃圾，而我在第一次掉可燃垃圾的時候，就害宿友遇上了「災難」。那時候我直接把可燃垃圾放在家外，雖然看到旁邊放了一個藍色的網，卻不知道有甚麼用就沒有理會。結果第二天早上我在留言簿上看到一位宿友的悲鳴：「昨天掉垃圾的時候，因為沒有用網包着垃圾，結果透明垃圾袋內的廚餘吸引了很多烏鴉來偷吃，烏鴉咬破了垃圾袋，垃圾散落一地，還在我頭頂到處亂飛……那一地垃圾我已經收拾好了，不過烏鴉真的很可怕（泣）」原來那個藍色的網是為了防止烏鴉咬破垃圾袋而存在的！我當然覺得非常不好意思，在留言簿上不停道歉再道歉，從此以後每次掉垃圾我都會超仔細用網蓋好，烏鴉請你不要來！

大家要記着逢星期幾垃圾車會來收甚麼垃圾，例如逢星期一和星期四收可燃垃圾，那麼我們就要在垃圾車來之前把垃圾放到家門口。

基本上一個星期中只有
一天可以回收膠樽，如
果錯過了就要等一星期
後才能拿去回收了～

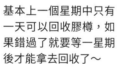

不要小看這個藍色的
網！沒有它的話烏鴉就
會猶如「使徒襲來」，
非常可怕！

05 我們都是戀家的派對動物

　　剛來日本當然想到處逛逛，如果想節省車費，最好就在居住點附近打躉。不過對於一個香港人來說，住在東高円寺有時真的有點悶，我最常到的地方，就只有車站附近小學裏的游泳池（當然其他地方還是非常精彩，這裏只是在說我家附近的地方，禁止誤會！）以前在香港，習慣了便利店「總有一間喺左近」，晚上有半價的黑夜壽司，凌晨 3 點的旺角還是熙來攘往，多得紅 VAN，即使住在大西北也不怕沒朋友，還有飯後必去的糖水舖要西式有西式，要台式有台式，要中式有中式……廿多年來這些生活對我來說已經是「理所當然」。

　　來到日本，「總有一間喺左近」的不再是便利店而是牙醫，全日本大約有接近 7 萬家牙醫診所，以前從我池袋的家走 10 步就到牙醫診所了，你能想像牙醫比便利店還多的世界嗎？！東高円寺站的尾班車在晚上 12 時左右就會開出，當然不會有通宵紅 VAN 為你服務，想坐車回家就要揸貴的士，別忘記的士在晚上 10 時（部分地區為 11 時）至清晨 5 點會徵收「深夜料金」，車費是平日的

120%，住日庶民實在沒資格在深夜坐的士回家。晚上 10 時後如果不去居酒屋幾乎沒有能吃飯的地方，更不要癡心妄想會有黑夜壽司……至於糖水舖，因為近年日本超迷台灣的關係，多了不少芋圓糖水舖，間中思鄉的時候我就會去幫襯幫襯。不過如果想找港式糖水舖，吃碗番薯糖水或是芋頭西米露就幾乎沒可能了……

Share House 的週末班戟派對 ^{パーティー}

今天我已經完全習慣了在日本的生活，想吃糖水就自己做，晚上吃飯就去居酒屋把酒言歡，在尾班車開走前自動自覺乖乖歸家，不知多麼自在。不過最初來到日本的第一年因為不習慣日本的生活模式，所以假日經常深居簡出，沉迷在 share house 的各種「美食派對」！我住的 share house 是女生限定的，一屋日本妹閒來最喜歡一起煮飯聊天看電視，大家間中會定個主題一起煮東西開美食派對，當中最常開辦的美食派對就是班戟派對。

一覺醒來，餐桌上就變了這個樣子！

記得第一次參加班戟派對是在某個星期六的早上，那時我還在床上跟周公下棋當中，忽然有人敲門問我喜不喜歡吃班戟。班戟？當然喜歡啊！我馬上彈起床，極速刷個牙就出了客廳，發現大家都已經在了！一些人在忙着處理班戟粉，一些人在煎班戟，一些人在準備配料，甚麼香蕉啊、果醬啊、忌廉啊、牛油啊……只要一人拿出一個配料，已經會堆滿整個桌子，真的非常豐富！我看到這個場景還未來得及反應，也沒有甚麼可以幫忙的地方，只好呆呆地坐在一邊，主要工作就是……開心地吃了（笑）！後來我才發現因為 share house 的大家都很愛吃班戟，所以週末經常都會大家一起弄班戟作早餐，順便聊聊天，說說笑，關心大家，就跟家人一樣，十分窩心。有時週末大家剛好都不在，只有我在家的時候，沒有班戟派對，我竟然還會覺得寂寞無聊、那一天好像缺少了甚麼。看來在

用超豐盛的水果班戟展開的假日是最棒的！

share house 的週末班载派對已經成為了日常的一部分，沒了反而會不自在呢。

溫馨又傷感的告別派對

　　住在 share house 不得不面對的，就是宿友一個又一個的離別，我們稱之為「畢業」。很少人會在 share house 長住幾年，通常大家都當這裏是個中轉站，離開這裏之後，都會生活得更好。那時候有一位宿友在環遊世界途中，暫時住進來儲儲錢，到儲夠之後就離開了。我記得她常常都在深夜時分坐在客廳學習西班牙文，而我就在學日文，兩個學生老是喜歡吐槽外語那些令人費解的文法和所謂法則，吐完苦水後又再埋頭苦幹「各自修行」。一位來自關西的舞台劇演員宿友為了尋夢來到東京生活，後來決定跟住在關西的初戀男友結束愛情長跑，拉埋天窗，回鄉結婚生子，最後又喊又笑地離開我們了。因為知道大家

眾多派對當中我最喜歡的就是手卷派對！

離開是為了更好的生活，所以每個人當知道有宿友要離開的時候，都會笑着說「恭喜啊！」接下來就是籌辦告別派對，以最溫馨的方式送別對方。

告別派對大多會以主角的意願去辦，主角想吃甚麼，就會做甚麼。那時候有一位宿友很喜歡吃餃子，我們就辦了餃子派對。在主角回到家前，大家會先分工合作，有人到超市買了一大堆豬絞肉、韭菜、津白等等，有人特別去找餃子皮，有人負責買飲品，回家之後就跟主角一起包餃子，想多肉就多肉，多菜就多菜，不怕餃子包得醜，只要那天晚上能成為在 share house 最美好的回憶就夠。還記得我「畢業」的時候，因為我很喜歡吃魚生，大家就為我舉辦了手卷派對，到超市買了很多還未切片的魚生，回家後大家左切切右切切，圍在桌子左包右包，吃下肚子的除了美味，還有感動。到了今天，只要在家裏包手卷，我都會想起當年那個手卷派對，住進那家 share house 真的太好了。

明明小時候我在香港也包過餃子，可是在餃子派對中包得最醜的還是我（笑）；日本女生的料理手藝真的是太厲害啦～

　　雖然我們好像常常都辦派對，但其實因為大家的生活習慣完全不同，出沒在家裏的時間也不一樣，有時候明明住在同一屋簷下，都會有好幾天都見不到面，就像「十面埋伏」般不斷錯開。這時候大家就會用留言簿跟大家溝通，例如「明天會去朋友家過夜，後天才回家」之類，這樣大家就不會擔心，也會在下面寫「去盡情地玩耍吧～～～」「好青春啊！」之類的留言。所以基本上我每天起床後到客廳，第一件事就是去看看留言簿會不會有新留言，有時還會發現有「寶」呢！

　　話說那時候有一位宿友在蛋糕店打工，常常會把賣剩的蛋糕帶回家，有時是士多啤梨海綿蛋糕，有時是黑森林蛋糕，非常好吃，每次看到有蛋糕都會超開心，心想「賺到了！」有次我週末在家看到一整個圓形的那種大大個生

每次看到留言簿上寫着「蛋糕！GO！去雪櫃！」都會超開心！

日蛋糕，忍不住切完一件又一件，一不小心就吃了超多。大家回家後還說「怎麼今天大家吃得這麼快！」那時候明明我聽懂了這句日文，卻假裝不知道發生了甚麼事，回想起都覺得很好笑。不過後來那位宿友辭去了蛋糕店的工作後，我就笑不出來了。

　　還有一位宿友的鄉下是種蜜柑的，每年秋天都會有一箱箱蜜柑送來家裏，多到家裏變成蜜柑貨倉。雖然大家都知道這些蜜柑是送給我們吃的，不過不問自取在日本是大忌，所以還是要乖乖在留言簿上找到那句「鄉下送了超多蜜柑來，大家快幫忙吃」，再在下面寫句「謝謝，我不客氣了！」才能開餐大吃特吃。對我們來說，只要跟大家一起吃蛋糕就是蛋糕派對，跟大家一起吃蜜柑就是蜜柑派對。沒錯，我們就是一群戀家的派對動物！

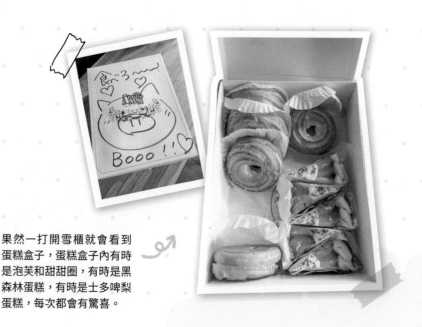

果然一打開雪櫃就會看到蛋糕盒子，蛋糕盒子內有時是泡芙和甜甜圈，有時是黑森林蛋糕，有時是士多啤梨蛋糕，每次都會有驚喜。

第一次在留言簿上留言就是簡單的自我介紹文，日文錯漏百出好害羞啊！

跟宿友一起分享這麼大箱蜜柑，是住在 share house 才會有的幸福～

第二級
1R 公寓
單身上班族的迷你窩

01 越級挑戰！在日本領養貓咪

芝麻大小的 1R 公寓

　　從日文學校畢業之後，很順利地找到了一間能替我辦理工作簽證的公司，還可以用超低價入住位於池袋的「社宅」（公司提供的公寓），於是我在東高円寺的 share house 當了未滿一年「派對動物」就搬家了。

　　我在池袋的家是一間 1R 公寓，1R 是日本地產界用來描述公寓間格的縮寫，意思是「1 Room」一個房間。

比 1R 公寓大一點的就是 1K 公寓，最大分別就是廚房在房間外，睡房和廚房中間有一扇門。

陪伴了我三年的池袋公寓，對於單身的上班族來說是個不錯的安樂窩。

一個房間聽起來好像不錯吧？大家千萬不要太天真表錯情，一個房間指的不是有一個睡房，而是整個公寓的大小就只有一個房間，廚房、客廳、睡房都在同一個房間當中，完全沒有間格可言！雖然不少 1R 公寓的面積大約只有 14 平方米，非常的骰，不過因為 1R 公寓的價格便宜（1R 公寓的的房租跟有獨立房間的 share house 房租不相上下，大約 6 萬日圓左右），同時沒有煩人的 share house 宿規也不用看宿友的臉色做人，因此還是吸引了很多初出茅廬的單身上班族入住。

再沒有人可以阻止我養小動物！　ペット

　　活了廿多個年頭，第一次一個人住，呼吸的每一口都是自由的空氣，做甚麼都不會有人反對。於是我在這裏住了半年左右，就迎來了我人生第一隻貓咪「壽眉」。牠來的那一天，就跟我來日本定居那天一樣，是我人生當中最幸福的其中一天。

我在日本領養的貓咪壽眉。牠為我在日本的生活帶來了無比幸福，更陪着我完成了這本書。

其實我從小就很想養貓貓狗狗等小動物，不過長期患有鼻敏感的我老早就被醫生判了刑，說甚麼「毛公仔全部都要丟掉，更何況養動物？想都不要想！」結果家人因為聽從醫生意見而一直反對我養動物，還偷偷丟掉我抱了多年的河馬抱枕（十多年前的事，為甚麼今天想起還是會鼻酸酸？），令我養動物的念頭比夢想更加遙遠，差點要祈求天主下輩子賜我一個健康的鼻子，好讓我可以跟小動物在來世再會；又有無數個晚上我夢見自己的家裏有貓咪、有小狗、有兔子，結果醒來卻是一場空，我真的以為我這輩子沒可能養寵物了——直至我搬來了日本，住進了池袋這家公寓。

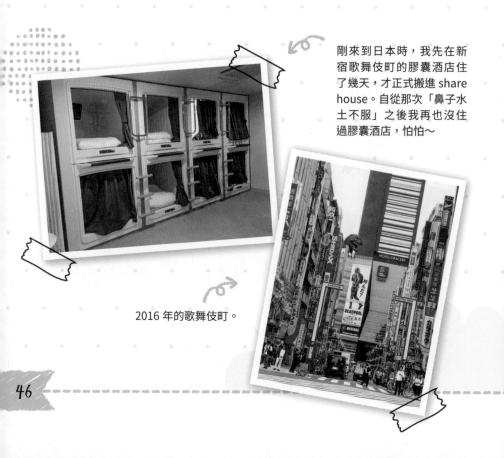

剛來到日本時，我先在新宿歌舞伎町的膠囊酒店住了幾天，才正式搬進 share house。自從那次「鼻子水土不服」之後我再也沒住過膠囊酒店，怕怕～

2016 年的歌舞伎町。

先說說我的「不治之症」鼻敏感，在我來日本幾個月後竟然自動消失了，就像神蹟一樣。最初來到日本那幾天我在膠囊酒店下榻，不知道是因為歌舞伎町的平價膠囊酒店衛生情況不佳，還是我的鼻子初來乍到「水土不服」，我幾乎廿四小時都在狂流鼻水，還要怕抹鼻子的聲音會吵到在旁邊睡覺的住客，害我初初幾晚只能在休息區抹着鼻子度過，睡都不能睡。到我搬入東高円寺的 share house 後，可能是因為那邊人少車少吧？漸漸我不會再流鼻水，在香港時曾經被醫生宣判「鼻敏感一輩子都不會好」，來到日本後卻自動康復了，簡直天助我也，連上天都允許我養動物！

不過那時候我還未能放肆，因為日本大部分 share house 的規矩還是挺多的，我住的 share house 不問男女一律不得帶訪客內進，更何況是養寵物？可是離開 share house 來到池袋的公寓後就不同了，那裏原本就允許住客養小動物，加上我只有自己一個人住，只要我想養寵物就可以養！

後來加入的
妹妹珍珠～

過五關 斬六將 方能抱得美貓歸

決定要養貓之後，我就開始上領養網站辦領養。剛開始我還以為要領養動物非常容易，不是看到想養的貓咪，再聯絡對方就可以了嗎？很快我就知道自己錯了。首先貓義工會在網站上列出大量領養貓咪的條件，當中最普遍的就是「單身人士不可」、「情侶同居者不可」、「1R公寓不可」、「男性不可」、「外國人不可」、「60歲以上不可」、「沒養貓經驗不可」、「家裏已經有貓不可」、「一天不可以超過6小時家裏沒人」等等，單單是這一關就已經很困難了。

我本身沒有養貓經驗，還是住在 1R 公寓的單身外國人，一天會離開家超過 9 小時……因為太多條件不符合了，要在日本領養貓咪對我來說簡直是越級挑戰！不過我當然不會輕易放棄，嘗試傳訊息給對方交涉，光是寫那篇想領養貓咪的理由書就寫了千字，滔滔不絕陳述我對動物

在義工來家訪前，我先要準備好所有養貓咪的必需品，包括貓籠、貓廁所等，不然可能會被評為不合格啊！

的熱情，會對牠們負責任的決心等等，有好幾次差點成功，不過最後總是落空，甚至有些人會已讀不回，令人非常沮喪。不過我還是每天繼續努力瀏覽領養網站，直至壽眉的出現。

領養貓咪要「面試」！ テスト

壽眉原本是隻在幼稚園還是保育園等地方流連的流浪貓，大約1歲時被人撿回家養了，後來卻被棄養，輾轉之下來到一位動物義工的家。為甚麼那義工會願意讓我領養壽眉？因為壽眉是個「問題青年」。牠在義工的家無法跟其他動物好好相處，不停向其他貓咪宣示地盤主權，甚至攻擊其他貓咪，一天到晚都在叫，令義工家裏的其他貓咪承受很大壓力，義工只能廿四小時將壽眉鎖在籠裏，跟其他貓咪隔開。因為實在太可憐了，義工很希望盡快將壽眉送走，在這個時候剛好我出現了。

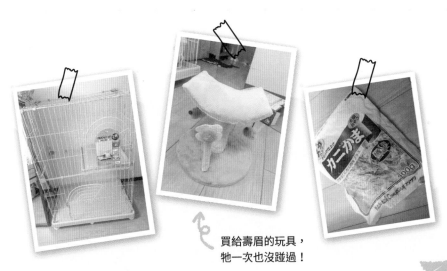

買給壽眉的玩具，
牠一次也沒踩過！

當然，那位義工也不是一開始就答應讓我領養壽眉，我要先找個日本人成為我的保證人，證明我打算長住日本，同時要安排好萬一回港會如何處置貓咪，保證不會讓貓咪流落街頭等等。接下來要再跟我的保證人一同去義工的家「面試」，一來義工要看看我和我的保證人是不是「正常人」，以免遇到變態申請人領養貓咪後卻虐待牠們（真的沒有在說笑），二來也要讓貓主子看看這奴才合不合心意，如果面試時貓咪對申請人太抗拒的話，可能就會落榜。

當天我去面試的時候壽眉對我不瞅不睬，不喜歡也不討厭的樣子。雖然不算甚麼溫馨感人的初見場面，不過

在義工的家第一次跟壽眉相見，那時候牠冷淡到不得了，想不到今天會變成撒嬌王！

我還是順利合格了。最後義工會來我家做家訪，主要是看看我的居住環境是否適合動物生活，我家裏是不是已經準備好貓籠、貓廁所等寵物用品。原本不少義工都會拒絕住在 1R 公寓的申請人，不過壽眉似乎天生就不愛動，不需要甚麼運動空間，義工最後決定讓我領養壽眉，約個日子將壽眉和牠一直在使用的物品、吃剩的零食和乾糧全部都帶來我家，整個領養過程就圓滿結束。壽眉來之前那天，我因為實在興奮過度，心裏想着自己終於夢想成真，成為有主子的貓奴，完全睡不着覺。誰知壽眉來了之後那頭兩星期每天都在叫叫叫，害我完全無法入睡，我多後悔在牠來之前不好好享受最後一天的單身生活、睡個好覺啊！

正在聞臭腳的壽眉～

初初來到池袋的家，壽眉很不習慣，每天都在家裏四處「巡邏」。

準時交雜費邁向美好生活第一步

不增值就馬上斷水！無情的熱水增值機

お湯

　　與其說準時交雜費是邁向美好生活的第一步，不如說只要不準時交雜費，就無法過正常人生活！以前所有雜費都由 share house 的房東幫忙支付，搬到池袋後變成要自己交錢，最初真的很不習慣，忘東忘西，當中要數最討厭的應該就是熱水費。日本大部分公寓的熱水費都不會獨立收費，基本上會在煤氣費或電費中收取，住客不用額外再付一筆熱水費。

　　不過我在池袋的公寓相對來說比較舊式，熱水費要在大廈 1 樓以增值的形式付款，如果餘額不足就不會出熱水，所以住客不時都要去看看餘額還有多少，以免發生「意外」。最初我不清楚熱水費每個月要用多少，就只入了 1,000 日圓。到了第二個星期，有天我正好洗到滿頭泡泡時，熱水忽然停掉了！我家水龍頭分為冷水和熱水兩

邊，兩邊加起來才是正常水力，如果熱水忽然停掉，水力就少了一半，明明從我花灑噴出來的應該是溫暖的大瀑布，卻在一秒間毫無預警地變成了冰冷的小便童子，大家可以想像到我有多崩潰嗎？如果天氣不是太冷，我還可以勉強用冷水繼續洗下去。可是我剛搬進池袋時是二月，那時天氣再暖也只有 14 度，實在無法用冷水洗，我就只好用毛巾抹走頭上的泡泡，穿好衣服到一樓增值，再回家繼

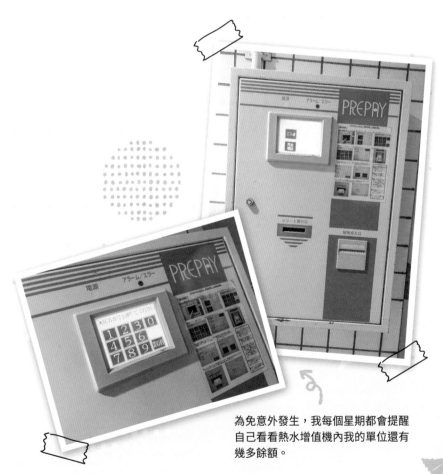

為免意外發生，我每個星期都會提醒自己看看熱水增值機內我的單位還有幾多餘額。

續洗澡，光想想都知道有多麻煩。

有時想增值還有個難題，就是那部增值機只收 1,000 円紙幣，要是剛好沒有，還要到便利店或超市買個東西換零錢才行，真的十分討厭！有次我在洗澡中途就遇上了這個情況，想去增值卻發現沒有 1000 円紙幣，最後索性只洗一半算了（超髒）。

無法上網不一定因為路由器壞了！

ネット代

除了熱水費之外，其他所有雜費包括電費、水費和上網費，都是在便利店付錢就可以了。他們會寄一張收費單到你家，拿著它去便利店用現金付款就完成，沒錯真的非常簡單，可是我往往都忘記在限期內付錢，以致各種狼

還以為是我新買
的路由器馬上壞
掉了，是我錯怪
你了啦～

狽情況出現。我在池袋用光纖上網，除了數據機之外又有個路由器。曾經一次忽然上不了網，我就打電話到客戶服務中心問，發現原來是路由器壞了，我就去買了個路由器。

後來過了幾個星期又上不了網，我心想又是路由器出事吧，就用上次客戶服務中心教我的方法確認了所有黃燈綠燈，看看那燈是長亮還是一閃一閃的，數據機又開又關都不知幾次，把 LAN 線又插又拔還是不行，最後死死氣放棄，打電話到客戶服務中心問，很快他就回道「因為客人沒交錢，所以上網服務被中斷了。」我花了整整一個小時研究上網裝置，結果卻是因為沒繳費而被停掉了！當下我一聽到真的尷尬到不行，馬上跑到便利店快快交錢，幸好幾小時後又能上網了。

無法上網不一定是因為數據機出錯，可能是因為忘記繳上網費啦！

無電生活 一晚就夠

　　不過如果我忘記交的是電費，就沒有這麼好運馬上有電了。有次我在深夜回家進屋時，明明按了電燈掣，燈卻沒有亮，我還以為是燈壞了，想着開另外一盞。可是當我按另一盞燈的燈掣時，燈還是沒亮！我心知不妙，馬上查看電費單，果然因為忘記了交電費，電力被中斷了！那時已經過了 12 點，即使馬上去交電費，最快也要等到第二天早上才會回復電力，只好告訴自己「有早知無乞衣」，

因為沒有交電費
而暫停我家電力
供應的告示……

乖乖地接受一整晚沒有電力的生活。我最擔心的就是冰箱內的食物，牛奶我可以馬上喝掉，不會浪費，可是新鮮肉類就因為電磁爐沒電無法開着而宣告報銷，好心痛啊。最痛苦是大熱天時沒冷氣，壽眉卻老是一屁股貼上來左磨蹭右磨蹭，害我快被熱死……好在熱水跟電力無關，我還是可以在黑暗中洗個暖水澡，算是不幸中的大幸。從此以後我都很準時交電費，雖然我沒見過鬼可是還是會怕黑！

靠着窗外的燈光度過了一整個漆黑的晚上。古人為了讀書鑿壁偷光，我卻因為沒交電費而「偷光」，真慚愧……

雪中的池袋人人都放慢腳步，
少了一分煩囂，多了一分美態。

03 池袋地頭蟲好推介1──
貼地壽司 心靈食堂

之前在〈我家就在日本最受歡迎居住點……旁邊！〉那篇提過池袋的交通非常方便，是不少人夢寐以求的居住地點。住進來之後我才發現，即使池袋位於世界上最「山旮旯」的地方都不打緊，因為日常生活中所有衣食住行的問題都可以在池袋區內解決，甚麼「無印良品」啊、「LOFT」啊、「TOKYU HANDS」啊、「松本清」啊、「UNIQLO」啊……大部分說得出名字的連鎖店，在池袋

池袋 JR 站東口。

都有分店。除非是要上班的日子逼於無奈要離開池袋，不然我可以廿四小時都在池袋打躉，每天在各商舖食店間穿梭流連串門子，十足池袋「區議員」！

心靈食堂「天下壽司」

我在池袋居住的三年以來，幾乎 ~~ルが 癒される~~ 都會去「天下壽司」。天下壽司是間位於池袋西口的迴轉壽司店，迴轉壽司店當中它不算是最便宜也不算是最好吃，只是一家平民貼地的街坊壽司店，不過卻非常得我歡心。

新冠肺炎肆虐時，池袋 Sunshine 60 通人流激減，在池袋打滾了三年的我頓時覺得眼前的景象十分陌生。

為甚麼會說這裏很「貼地」呢？因為它會隨着天氣增減菜單優惠，例如下雨天有「雨天優惠」，嚴寒的日子有「寒冷優惠」，相反又有「酷熱優惠」等等五花八門的減價名目，差點以為在報天氣，可是又貼心又貼地。當然不得不提逢星期一至星期六非繁忙時段，用130日圓就能吃到非常肥美多汁的吞拿魚大拖羅！這裏的大拖羅完全可以媲美高級壽司店，一碟兩件，1件才65日圓，相當於港幣4元左右。這個抵到爛的價錢和品質何只貼地？直情去到地心！

池袋站西口。

日本百圓迴轉壽司店比比皆是，要吃到平價壽司並不困難。可是能以這個價錢吃到肥美高質的吞拿魚大拖羅就很難得了！

巨型牡丹蝦壽司也是我的必點菜單之一！

不過這裏最吸引我的還不是食物或價錢，而是板前師傅們捏壽司時那耀眼的樣子。每次步進店內，店員們總是滿臉笑容，而且不是那種在日本百貨公司常常看到的假笑。捏壽司的板前師傅會一邊元氣十足地叫口號，一邊摩打手般捏壽司，即使完全沒有時間休息，他們還是幹勁十足，看見客人吃得津津有味的樣子時還會露出媽媽般的笑容。捏得又快又好時，會調皮地賣花讚花香說「當然非常好吃啦！」，忘了走山葵、捏錯壽司時，他們會馬上誠心道歉，再賞人一點甜頭請求原諒。客人此時總會一起大笑，店內氣氛好到不得了。

有時我在工作上氣餒，覺得前路茫茫、意志消沉的時候，都會一個人來這裏吃壽司。他們由衷熱愛工作的心，堅定又幸福的眼神實在太過閃耀，害我只能告訴自己也要跟他們一樣充滿幹勁地努力下去，有兩次我還邊吃邊看邊偷偷擦眼淚，心靈卻在大家都沒注意到的時候得到了安慰。

天下壽司雖然是連鎖店，可是在這家池袋店我卻吃到了小店獨有的人情味。

04 池袋地頭蟲好推介 2——超划算海鮮居酒屋

令人氣不下的「名不副實」菜式

お買得

作為一個在線上日本旅遊平台工作了好幾年的「主編」，口袋裏當然私藏了不少好東西（自己讚自己！），當中我最捨不得公開的其中一家海鮮居酒屋就是「魚金」。魚金主打刺身拼盤，猶記得第一次去光顧時，兩個人點了份「豪華六款拼盤」，店員特地提醒我們分量很多，我們卻不以為然，另外又點了幾款小食。結果刺身拼盤上桌時我真的非常震驚，因為明明說是「六款」刺身拼盤，可是桌上那碟卻總共有十二款之多，幾乎每款都有四件，魚生九成都是「厚切」，而且分量多到嚇死人，整個盤子比我現在正在打字用的 13 吋 MacBook Air 大得多，非常誇張。跟店員說，我們只點了六款拼盤啊，沒點這麼多，

是不是搞錯了？店員竟回道「六款拼盤」只是菜名，實際上有十二款……這到底是甚麼奇怪的設定啊！

另外魚金每天都提供不同種類的刺身，通常都會有生蠔、吞拿魚、鯛魚、油甘魚、北寄貝、甜蛋和卷物等等，生蠔鮮甜不在話下，北寄貝不是香港那些已煮熟了變成紅色的那種，而是真正的新鮮灰色北寄貝，吃過一次就回不去了。更重要的是「豪華六款拼盤」只需 1,980 日圓，折合港幣 150 元有找，而且近半年來每個星期日和星期一去吃刺身，所有會員都有半價優惠，即是用 70 多元就吃到十二款大件新鮮刺身，你說這麼棒的店，我怎麼捨得公開介紹啊！

這麼大一盤才 1,980 日圓，是東京「大件夾抵食」海鮮居酒屋的代表。

眼界大開的忘年會宴會

おいしい

　　有一年我們公司在魚金辦「忘年會」，首次有機會吃到那裏宴會級的特別菜單，令魚金在我心目中的評價再次跳升幾級。不要想得太多，忘年會的「忘年」跟「忘年戀」的「忘年」一點關係都沒有，純粹是「把一年來悲傷的事都忘了吧！」的意思。大部分日本公司在年末都一定會舉辦忘年會，整家公司所有員工上上下下會一同在居酒屋或西餐廳吃飯喝酒聊天玩樂，互相舉杯慶祝，忘記過去的辛勞，勉勵大家來年再一同繼續努力，有點像我們的尾牙習俗。

忘年會宴會中的刺身比平日的「豪華六款拼盤」更豪華、更誇張！要是當年我知道會將這張照片在書上公諸於世，我一定會更努力把它拍得更漂亮的（哭）

雖然很多日本人都不太喜歡忘年會：首先負責安排忘年會的幹事要在繁忙的工作日程中定日子、定人數，再在每間餐廳都非常爆滿的時期努力訂到家有酒水任喝、食物質素高、最好還要有包廂的餐廳；我的日本女生朋友亦說過忘年會時要負責為男同事和上司們斟茶遞水，去燒肉店要幫忙燒肉、居酒屋就幫忙分沙律等等，不管你願不願意都要發揮「母愛」，照顧好在座的每一位。有些新入職的職場菜鳥甚至在上司講話時不敢吃東西，同時又不停被灌酒，結果最後就在街上電車上大吐特吐，好在日本人在年末看到有人在街頭醉倒已經習以為常，反正在忘年會時有多不堪入目都好，到了新一年再上班時又是一條好漢。

魚金套餐中的刺身拼盤（一定要預約才能吃到啊）～

雖然如此，因為我的公司不是日本那些非常傳統的大企業，所以完全沒有以上日本人的煩惱，忘年會對我來說就是跟老闆和同事一起吃好東西、聯絡感情的日子。終於回到正題，當年最初知道會在魚金辦忘年會時並沒有甚麼特別反應，因為都大概想像到又是吃吃刺身之類的吧，並沒有特別期待會有甚麼驚為天人的食物。結果在刺身上桌那刻我已經知道自己錯了……龍蝦！是龍蝦！是龍蝦刺身啊！日本只有很少地方會提供龍蝦料理，不是要在出產龍蝦的地方，就是要專程到專門店才吃得到。來日本五年來我總共只吃過兩次，其中一次就是在那年的忘年會。大家可能會笑我大鄉里出城，香港很多酒樓有龍蝦吃，不過作為一個在東京努力工作打拼的人，可以在老闆請吃飯時

對日本壽司師傅來說，蟹的擺盤不只是將食物放上碟子，而是一門藝術，更隱藏了一份方便客人的心意。

吃到龍蝦真的有點感動，第二天要多多加班也沒有怨言（笑）。

　　還未在龍蝦的感動中清醒過來，第二碟高級料理就出現在我的眼前——蟹！蟹這種好東西我住在香港時沒有好好珍惜，來到日本才發現是高級料理，有錢人才會閒來無事去吃蟹，一般家庭就只限於除夕、新年或生日等喜宴時才會吃蟹，又甚至連這些時候也捨不得吃……那時在魚金吃到的蟹雖然只是普通清蒸，但師傅就非常細心地拆好了所有蟹肉，方便大家直接往嘴裏送。明明已經起了肉，蟹殼卻除了切口以外絲毫無損，看上去還是非常完整的一隻蟹，真的不得不佩服日本人為客人着想的細心。

自從在龍蝦的產地——伊豆的溫泉旅館裏吃過一次龍蝦刺身後，就再沒在日本吃過龍蝦了！所以當我發現在忘年會的菜單上竟然有一味龍蝦刺身實在非常開心又興奮！

壽喜燒可以配大拖羅？！

　　不過最令我覺得驚為天人的料理並不是龍蝦和蟹，而是一味吞拿魚大拖羅壽喜燒。先不說我從來沒想過壽喜燒可以配大拖羅，將明明可以當刺身吃的新鮮肥美大拖羅拿去灼，這樣奢侈的吃法，真的可以嗎？當我灼了一件之後就發現，很！可！以！大拖羅最外層吸收了壽喜燒濃甜的湯汁，中間卻還是生的刺身，咬下去油脂香馬上大爆發！因為最外層已經熟了，解決了平日吃大拖羅會太膩的問題，令人忍不住在老闆同事面前開外掛大吃特吃，差點連別人那份也想吞掉！

除了大拖羅壽喜燒，還有油甘魚 shabu shabu ！

不要以為這大拖羅壽喜燒的故事已經結束，當大家把吞拿魚全都吃掉之後，那充滿了大拖羅精華的壽喜燒湯汁當然不會丟掉，而是加入生雞蛋和長蔥等等，變成另一道蛋丼料理。半熟蛋汁吸收了壽喜燒內大拖羅的甜味和油脂香，光靠想像已知有多美味。

我就是因為當年這忘年會的特別菜單深深愛上了魚金，後來每逢有甚麼高興的事想慶祝的話就會去吃，漸漸在這裏累積了很多快樂的回憶。到今天再去魚金已經不再只是因為它的便宜和美味，即使有再多再棒的海鮮居酒屋，也取代不了它在我心目中的地位了。

令人無法忘懷，驚為天人的吞拿魚大拖羅壽喜燒！

05

池袋地頭蟲好推介3——
一日不去如隔三秋的整骨院

　　雖然我非常為食，不過我在池袋經常流連的地方當然不只是食店，還有這家 BEST 鍼灸整骨院！初搬來池袋時，因為家裏放不下椅子，做甚麼都在床上坐着做，令腰骨長期都非常疼痛。那時候雖然很想去按摩店按按背，可是積蓄在日文學校念書時全都用完了，而在日本的工作才剛剛開始，哪有錢？後來得知日本住民的保險卡不只看醫生、牙醫時可以使用，就連在整骨院也可以使用，持卡人只需付治療費的 3 成，其他費用則用保險費支付，我就決定到整骨院治治我的腰骨。

第一次去整骨院時其實連收費也不清楚，只是跟醫師說哪裏痛哪裏痛，他們就會幫忙按摩。我去的那家整骨院基本上是 20 分鐘按摩治療、20 分鐘電療，總共 40 分鐘。最初我心想連一個小時都沒有，實在「到喉唔到肺」，付錢時才發現原來治療費只需 600 日圓（約 42 港元），便宜到嚇一跳，哪有甚麼「到喉唔到肺」？完全是大滿足！因為按摩舒服得來超便宜又離家近，只要不是太忙，我每兩星期就去一次，漸漸跟醫師們也變得越來越熟。

每當我腰酸骨痛的時候就會想起的「BEST 鍼灸整骨院」。

整骨醫師眾生相

113113

　　最初跟我變得熟絡的是一位醫師姐姐，兩個女生聚在一起，常常討論如何變瘦如何變美。有次她提議試試做腿部刮沙，可以去水腫，持之以恆就會變瘦。那時我「肉隨砧板上」，就說好啊就試試吧，反正我在那裏已經刮過很多次沙，應該沒問題。結果小腿一刮我已痛得呱呱叫，再刮簡直痛到跳起，她看着我不停爆笑，還說甚麼未出盡力……可能是畫面太過滑稽，店內其他師傅也忍不住一起笑了起來，只有我痛到「飆眼水」，從此以後沒再在腿上刮沙。

　　那裏又有一位小胖哥，他比較沉默寡言，最初我對他沒有甚麼感覺。後來有一次我去按摩時，他一邊努力幫我按，一邊跟另一位非常受日本客人歡迎的醫師伯伯說：「醫師你快點休息吧，今晚有幾個人指名要你治療，現在這幾位客人就讓我幫你按吧，沒問題的！」聽到我十分感動。那時候我常常在背後稱他為胖子醫師超負面的，發現他原來人這麼好之後，就改稱他為比較正面可愛的「棉花糖」醫師……呃，好像沒甚麼分別？（笑）

還有一位來自中國的叔叔醫師非常搞笑，如果我跟我的日本人男朋友「芋頭」一起去的話，他就會滔滔不絕地跟芋頭介紹甚麼是中國男兒氣概，請吃飯甚麼的是基本吧。最後付錢時有時還會直接叫芋頭付兩人份，笑說「這600日圓你該不會還要向女朋友伸手拿吧！」芋頭每次都笑笑口說：「當然不會，我來付我來付！日本男兒也很豪氣！」可是為甚麼我總覺得他的表情有點生硬？哈哈！

池袋東口的 Sunshine60 通。在搬來池袋之前基本上只會去那邊打滾，搬家後才發現其實池袋西口也有很多人情味小店，以上 3 間「街坊好推介」都位於西口呢～

第三級
夢想成真！

在日本住 1DK 高級公寓

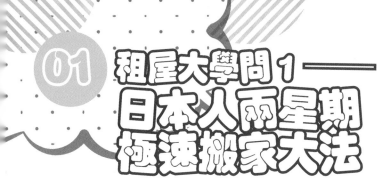

01 租屋大學問 1——日本人兩星期極速搬家大法

終於存夠 100 萬 我要搬家了！

引越し

在池袋住久了，真的很難不愛上池袋。明明看上去是個冷冰冰的大都會，走進店內卻會發現滿滿都是人情味，如果要為池袋街坊這個身分定一個期限，真的一萬年都願意。不過隨着我家裏來了一隻貓又一隻貓（還不是自找的？！），雜物、家具越來越多，拖地時可以拖到的就

搬家前一天晚上，行李多到根本連走路的空間也沒有了，可是仍未收拾的東西還有很多，超崩潰……

只有那幾格地板，過往一些模糊的想法在腦內漸漸組織成句子：「丟下家人、丟下在香港的一切，隻身來到日本，可不是為了活得這樣寒酸！總有一天，我要從這豆潤般的 1R 公寓搬出去。」剛好男友芋頭家的租約大概還有一年左右就結束，那時我們就決定了要從兩個家變成一個家，兩個人兩隻貓一起住進更大的房子，過上更好的生活。

就在我來了日本第 5 年，工作第 4 年的時候，我的存款數字終於由 0 慢慢儲到 100 萬日圓！對於一個已經不是初出茅廬的上班族來說，100 萬圓實在不是甚麼大數目，但是那時我卻非常興奮，因為我知道：終於是時候可以搬家了！雖然已經住過 share house 也住過池袋的公寓，不過兩個家都不是正式在日本透過地產公司、看房子後搬進去的。我其實是直至要離開池袋時才第一次在日本找房子，所以一切都十分陌生。

從看房子到搬家
日本人兩星期極速完成

ないけん

　　我們把目標定在 3 月搬家，我在 12 月左右就開始在網上看房子，一來因為太期待新家了，忍不住想快點看看各種各樣的房子，二來也想着時間充裕的話就可以多看幾家房子，慢慢選一家最合適的。可是那時卻一直惹芋頭生氣，常常為了我看房子的事吵架，一來他覺得我這麼早看房子，是不是為了逼他早點搬家（我完全沒有這個想法，真的是冤枉啊法官大人！），二來他也覺得我在浪費時間，即使老早開始找房子也是徒勞無功。雖然很不想承認，不過對於太早看房子只是浪費時間這點，他是對的。

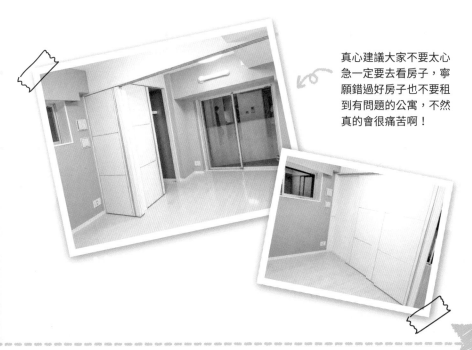

真心建議大家不要太心急一定要去看房子，寧願錯過好房子也不要租到有問題的公寓，不然真的會很痛苦啊！

原來日本人從看房子到搬家，前後大約 2～3 星期左右就會完成，對於習慣一切都要爽爽快快的香港人來說，還是覺得太快了！首先上網看到心儀的房子之後，就可以聯絡負責那家房子的地產公司，看看可不可以去參觀。如果房子已經是「吉屋」，當然馬上可以去參觀，相反萬一上一手租客還未搬出去的話，就要等到他搬走才可以去參觀了。不過很多人都怕在等待參觀的過程中，心儀的房子會被租走，因此寧願放棄參觀，只靠看相片決定要不要租下來，這就是其中一個他們可以極速搬家的原因。

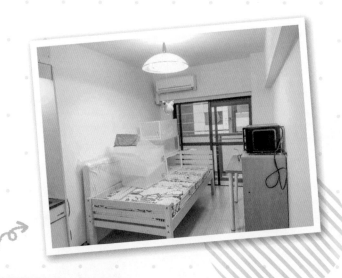

真的很佩服日本人可以這麼快就完成搬家！我單是從搬家那天到將舊家清潔好、丟掉舊家具等，就足足花了兩個星期！

參觀的日子基本上都定在聯絡地產公司那天起的 3 天以內，我曾經有一次問可不可以 6 天後才去，馬上就被很沒禮貌地拒絕了。看房子那天如果覺得滿意，當天或是第二天就要申請入住，申請時要提交自己的年薪證明等等文件，證明自己有能力住得起，不是癩蝦蟆想食天鵝肉。入住申請一般 3 ～ 5 天就會知道是否獲批，獲批後最長 10 天～ 2 星期內就要入伙，不然會被視為放棄入住，整個過程快到「嘭嘭聲」！換句話說，如果 12 月看房子，最遲 1 月就要入伙；如果想 3 月入伙，就應該 2 月才開始看房子，難怪我 12 月尾找房子時同時被地產公司和芋頭無視啦……哭哭……

終於把整個家還原至搬來時的樣子，可以還給業主啦～

租屋大學問2——
差點被地產公司詐騙！

禮儀之邦也有無禮經紀　失礼

　　平日九成日本住民都會經地產公司租房子，因為地產公司知道最多最新可供出租的房子，一般人看不到的最新出租消息，地產公司卻可以看到，甚至可以直接幫忙打電話去公寓確認出租情況，而那些電話號碼當然我們這些街外人是無法得知的。加上地產經紀還會幫忙填寫、整理文件，清楚解釋各項細節和手續，所以如果想租房子的話，理論上找地產公司就最快、靚、正，可以翹起雙手踉踉腳等搬屋。

　　不過，真的只是「理論上」而已。我們找房子時找過好幾家地產公司，也許因為剛好遇上了租屋旺季，地產經紀們忙得不可開交，工作能力和服務態度都差到難以置信。其中一個經紀很有性格，我們一直只用電郵通訊，

可能因為我的名字一看就知道是外國人，他竟直接不用敬語，須知道在日本跟客人說話時不用敬語是大忌，要是對着一般日本客人不用敬語一定會被罵到狗血淋頭！不用敬語這一點也就算了，來日幾年也不是沒遇過，我可沒有玻璃心到因為這樣就難過生氣。

最初我們約日子參觀房子時，他一直說如果不馬上去的話房子就會被租走，想逼我馬上去看。那時因為工作關係，無法在平日擠出時間去看房子，就回覆他說那沒辦法了，我不看那家房子，請幫忙找找其他房子吧。可是那個經紀沒有回覆任何電郵說收到了之類，就直接消失了。後來臨近原本我們想參觀房子那天，那家房子還未成功租出去，他就忽然出現說可以幫我們安排參觀。到約好了日子、時間、集合地點，來到看房子那天的早上，突然有電話打來，是那家地產公司的另一位職員，說今天約好跟我們見面的經紀放假了，看房子的事就此取消，真的莫名其妙！

想不到只是想看個房子也這麼困難，如果可以，大家還是避開 1～3 月搬家高峰期搬家吧～

親身經歷：差點被地產詐騙！

　　不過那個地產經紀也只是態度不好，後來我遇過一個經紀更加過分，差點算是詐騙犯了！話說我在網上發現了一家很不錯的房子，於是聯絡了負責那大廈的地產經紀，直接到門市見面。去到門市，那位負責人忽然說自己很忙，安排了他的下屬負責接待我們，同時不停地說東說西說廢話，說他的下屬讀書不成，性格內向怕生，是個只懂努力的笨蛋之類的，就在他的下屬面前講了超過 15 分鐘。當時他的下屬背對着他，不停地擺出反白眼的表情，害我差點笑了出來，明顯這番說話他已經聽到耳朵起繭了。最莫名其妙的是明明是他不停地說廢話浪費大家時間，卻大罵下屬為甚麼花了這麼多時間還未為我們介紹房子，我真的超想吐槽：「是因為你一直滔滔不絕才令我們沒時間進正題好嗎！」

看了大廈外圍後，我們就進行了「事先申請」的手續，不過並不是正式的租房申請。

到我們離開門市去看房子時，因為那負責人並不在場，他的下屬明顯非常開心，還跟我們說其實他一點都不怕生，只是因為「那個傢伙」在場時很麻煩所以他才不愛說話。雖然那天我們還未看到想入住的房子內部，只是參觀了大廈外貌和附近環境，但因為我們很喜歡那棟樓房，加上覺得這名下屬安排得十分妥當，看上去十分可靠，我們就決定了先申請那房子，有點像買衣服時留貨的感覺。當時下屬答應了我們在審批完成之後可以正式去看房子，當天看完沒問題的話，才辦理正式的入住手續，目前並不需要付任何費用，我們不虞有詐。

幾天後，下屬打電話來說入住申請已經通過了審批，我們正想開香檳慶祝、安排時間去看房子，問題就來了。那名負責人在我們正在跟下屬講電話的時侯忽然搶了電話，用罵人的語氣要求我們馬上匯 15 萬日圓到他們公司戶口，又多番阻撓我們跟他的下屬直接聯絡。可是我們還未看過房子、未簽任何入住契約書、沒聽過任何簽約前必須要聽的說明內容，怎麼可能要付錢？這跟我們原本說好了的完全不一樣啊！

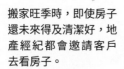

搬家旺季時，即使房子還未來得及清潔好，地產經紀都會邀請客戶去看房子。

我們當然馬上問為甚麼會這樣安排，因為我們不想在還未看房子的情況下就「被決定」一定要租房子，對方卻說你不匯錢我就直接取消你的申請，反正現在旺季只有人租不到房子，沒有房子租不出去。那時候我真的覺得很生氣，因為當初如果不是他們答應可以看房子後才做最終決定，我根本不會去事先申請，而申請時又要提交大量個人資料，包括年收入證明、繳稅證明等等，比申請信用卡、更新工作簽證要交的資料多得多，我可不是蠢到會隨隨便便公開自己個人資料的那種人。現在通過事先申請了，他卻反口說你不想住就算，你走寶。

最後因為我們幾天後還是沒有匯錢，加上我們也回了香港過年，就在大年初二下飛機那刻，我們就發現那個原本想要搬進去的家，在我們坐飛機時被強行取消申請了。明明開開心心想搬家，偏偏卻遇到這種劣質地產經紀，好在我們沒有乖乖聽話匯錢，不然匯錢後是不是真的可以租到屋還是未知之數呢。

如果地產經紀跟你說「這公寓建在寺廟對面」，大家就要小心留意囉。因為所謂的「寺廟」有很大機會是指墳場，我就去了一間睡房正面對着墳場的公寓，直至看到墳場那刻才明白「寺廟」的真正意思！

03 租屋大學問 3——誰說租屋一定要找地產經紀？

　　自從經歷了疑似地產公司詐騙事件、房子申請突然被取消之後，我們開始嘗試跳過地產公司直接租屋。沒錯！原來在日本租屋並不一定要找地產經紀，還有另外一個方法，就是直接向管理公司租屋！

對貓咪來說，搬家最大的好處就是整個家裏都充滿了紙皮箱！

地產公司 VS 管理公司

　　首先經地產公司租屋和經管理公司租屋有甚麼分別呢？上文已經提過地產經紀「理論上」可以找到最快、最新、最多出租房子，他們也會幫客人填寫各種文件，可說是一條龍服務非常貼心。雖然透過地產經紀找房子 99%都會被收取相當於 1 個月租金的仲介費，例如我透過地產經紀租了一家月租 14 萬日圓的房子，就要另外付 14 萬仲介費予地產公司。不過找地產公司幫忙真的非常方便，所以即使要付這筆仲介費大家還是心甘命抵。

　　地產要收相當於 1 個月租金的仲介費，管理公司又如何呢？答案是不用付仲介費！雖然他們還是會巧立名目收取各項文書費、手續費，但是加起來也只需幾千日圓，絕對比通過地產公司租房子便宜得多。當然，世上沒有免費的午餐，想經管理公司租屋也有不少問題。基本上管理公司只會出租該管理公司旗下的物業，如果你想租的房子不屬於這家管理公司，就不能租給你。他們也不會幫忙找其他房子，租客必須自己做好資料搜集，選好房子後再跟管理公司說想租屋才會被受理。由於大部分管理公司都只會管理小量物業，所以如果執意要跳過地產，直接找管理公司租房子，那你的選擇就一定非常之少。

除此之外，找管理公司租屋還有另外一個問題，就是很難知道每個單位是由哪家管理公司負責，令租客想直接跟管理公司聯絡非常困難。首先找房子用的網頁不會清楚寫明每棟物業的管理公司，所以不要癡心妄想全能的 Google 會提供答案，過來人可以告訴你上網搜尋如同大海撈針，除非你毅力非凡不然最好放棄。有的甚至同一棟大廈之中的不同單位因為業主不同的關係，竟然由不同管理公司負責，令管理公司的身分謎上加謎。不過如果你跟我們一樣，成功克服以上兩個難關的話，直接跟管理公司租房子真的超爽！

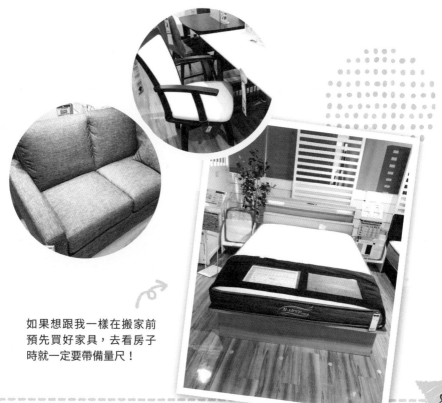

如果想跟我一樣在搬家前預先買好家具，去看房子時就一定要帶備量尺！

気楽

自出自入 超寬鬆的管理公司！

　　也許是谷底過後會看見彩虹，遭遇地產公司詐騙事件之後，距離我必須要搬家的期限就只剩下三個星期。在我急得有如熱鍋上的螞蟻，日日夜夜都上網找房子之時，芋頭意外地發現了某一家原本我們申請過兩次參觀，可是兩次都因為剛好有人申請了入住而被拒絕了的房子的管理公司。雖然那房子好端端的被退租實在有點奇怪，不過我們還是想放手一搏，直接打電話去管理公司問那房子是否還在出租當中。結果對方說雖然有人正在申請當中，不過因為文件不齊全的關係，暫時仍然對外出租，當天更可以隨時開放讓我們去參觀，於是那天晚上我一下班就飛奔去看房子了。

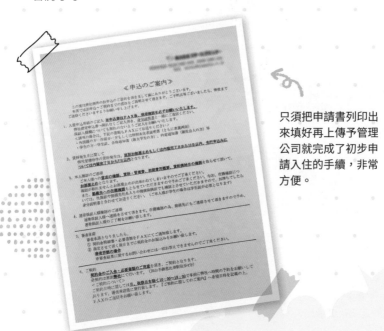

只須把申請書列印出來填好再上傳予管理公司就完成了初步申請入住的手續，非常方便。

我和芋頭都是第一次直接向管理公司租屋，也不認識任何有直接向管理公司租屋經驗的朋友，所以無法判斷到底是所有管理公司都這麼寬鬆，還是只有我們這家管理公司是這麼寬鬆。一般去看房子的時候，地產公司職員一定會在身邊跟着，不會讓客人蹤東蹤西蹤鑰匙，總之客人的一舉一動都受到地產公司職員監視。不過我們這次去看房子的時候，竟然沒有任何一位職員現身，100% 自出自入，十足「無限時看房子放題」！我們只須在去到大廈附近時，打電話跟管理公司聯絡，職員就會告訴我們鑰匙藏了在大廈哪個暗角。成功尋寶後我們就可以自己上單位慢慢看，看到夠離開後再把鑰匙放回原位就可以了。

　　後來我們決定租下這個公寓，才發現他們要求提交的個人資料相對較少，所有文件都只須用電郵傳給管理公司就完成，直至正式入伙前兩天去交初期費用，芋頭才第一次、也是唯一一次與管理公司職員見面，我甚至由始至終都沒看過管理公司任何職員！在正式入伙前我們又再上了

在搬家前一天我們去了新家清潔一番，雖然沒有拜四角，但就用土炮的方式在家中每個角落都放了蜜柑皮以示有人要搬來住了，兩個人吃了一大袋蜜柑差點撐破肚皮！

單位兩次，每次都自出自入自由自在，第二次還把尺帶進去量好了整個家的尺寸，再簡單清潔了一次後才離開。可以在正式入伙前自由地上兩次新家，也許是直接跟管理公司租屋的其中一項「福利」吧（？）

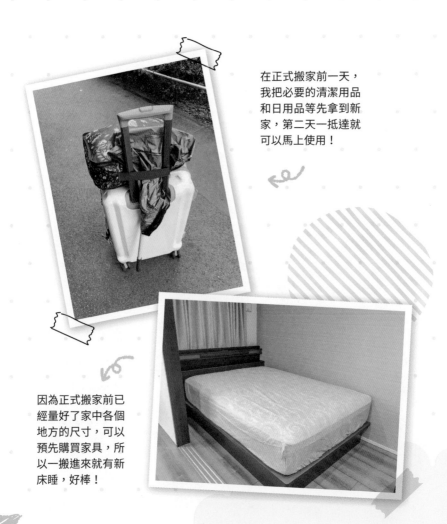

在正式搬家前一天，我把必要的清潔用品和日用品等先拿到新家，第二天一抵達就可以馬上使用！

因為正式搬家前已經量好了家中各個地方的尺寸，可以預先購買家具，所以一搬進來就有新床睡，好棒！

04 墳場旁的家 你敢住嗎?

　　大家還記得有人明明申請了入住了那家管理公司負責的房子,後來卻選擇租退的事嗎?正常搬家旺季很少人會退租,那個房子卻連續被兩家人退租了,當時我覺得很奇怪。不過在十萬火急的關頭,對方願意讓我們去看房子已經謝天謝地了,我也便沒去多想到底哪裏出了錯。

家外有墳場又如何?裏面可是我夢想中的溫馨小窩♡

結果那天晚上我和芋頭一步出電梯，不用半秒時間，我們馬上知道這個單位為甚麼老是被退租——因為整棟公寓竟建在墳場旁邊！那墳場看起來雖然不算很大，不過粗略估計也有 50 個擠得密密麻麻的墓碑。芋頭說日本先人的骨灰比起「灰」更貼近「骨」，先人的部分骨頭還是原原本本的形狀，放在墓碑下方。我不太相信鬼神之說，即使出差一個人入住酒店時也從來不會先敲門跟鬼打招呼，不過一想到家旁有五十多位先人「夜夜笙歌」，即使心臟有多強大的人也會想打退堂鼓吧！

　　在日本，如果公寓裏曾有人「不自然死亡」，根據《宅地建物取引業法》，房子在出租時基本上必須向租客說明這是「事故物件」。不過如果家的旁邊是墓地就不同了，地產公司和管理公司都不一定會跟租客明言。那個墳場從外面是看不到的，一定要進了大廈內才會看到，如果沒看過房子就決定租下來，到入伙時才發現有墳場想退租

的話，所有初期費用（大約 60 萬日圓左右）都會被沒收。這下子大家明白為甚麼之前那家討厭的地產公司強逼我未看房子就要付錢時，我寧可棄租也不如他所願吧。

墳場又如何？就決定是你了！　決まり

看完房子後我固作鎮定，嘴巴上說不怕不怕，但其實一整晚我的腦海裏出現了各種各樣的恐怖場面：不是芋頭撞鬼就是我被鬼壓，電視機自動打開，電燈常常熄滅……還有萬一我的貓老是對着空氣猛叫的話怎麼辦啊？那天半夜我被惡夢嚇醒，芋頭則被嚇醒了的我嚇醒，兩個膽小鬼抱在一團說「不如還是租別的房子吧！真的很恐怖！」第二天我請了半天假，兩個人仔細思量後，最後還是決定要租下來——因為撇除墳場這個因素，這房子實在是太棒了！

剛搬進新家的一天，家裏都被行李淹沒了！

95

距離車站 2 分鐘 不再浪費人生

駅前

　　先說交通這方面吧，以前我在香港上班時要花足足 1 個半小時才到公司，每天有超過 3 小時都花在交通上，每每塞車的時候都覺得自己在屯門公路上浪費了人生，好冤枉啊。那時當然也有想過搬出來住，可是單憑那點薪金又怎能負擔得起香港的房租呢？反倒搬來日本還容易得多。在日本的新家徒步到車站只需要 2 ～ 3 分鐘左右，我和芋頭各自上班都不用轉車，從門口到安坐公司內只花大約 20 分鐘，省卻了很多上下班的交通時間，這是我們決定租這家房子的最大原因。加上從家裏到車站的途中還會經過超級市場，準確來說從家裏到超市幾十秒就到了，對於幾乎每天都在家下廚的我們來說又加了幾分。

自動上鎖 告別深夜怪客

ロック

　　除此之外，公寓裏各種優質設備也是令我們心動的重要因素。我們新家大樓的大門會自動上鎖，除了有鎖匙的住客之外，外人無法直接來到你家門口。這一方面可以防止煩人的傳銷公司上門推銷，另一方面形跡可疑的人也不會選這些公寓「下手」。之前的篇章有說過剛來日本第一年時試過被人明目張膽地跟蹤的事，其實後來我池袋的家也試過遭陌生人強行打開大門，絕對比墳場可怕一千倍，所以我才特別在意新家大樓是不是有自動上鎖。

都電荒川線是東京「唯二」的路面電車，沿線種了大量玫瑰花，是
日本人之間的著名景點。今年春天玫瑰花盛開時，我專程來到新家
附近的車站拍照，以為會有大量櫻花妹來打卡，誰知只有一堆日本
老爺爺在賞花（笑）。

那時候我去了出差，芋頭來我家幫忙顧貓。他因為睡不著的關係，一直到清晨 5 點多還在跟貓玩，然後大門竟然靜悄悄地被打開了！他不知道到底是自己忘記了上鎖，還是對方用萬用鎖打開了大門，總之他馬上跑到玄關大喝一聲「你是誰！在幹嗎！」那個形跡可疑的大叔回道：「這不是誰誰誰的家嗎？」就跑掉了。如果這種事只是發生過一次，我還可以當成是偶然，不過我住在池袋的

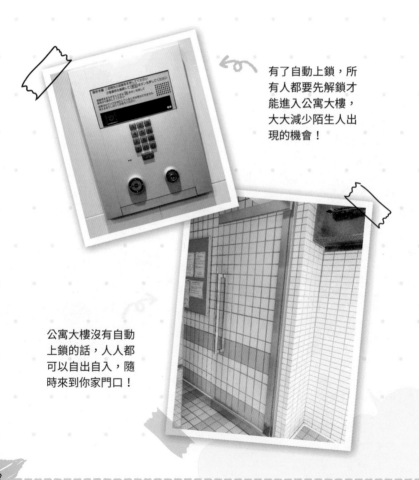

有了自動上鎖，所有人都要先解鎖才能進入公寓大樓，大大減少陌生人出現的機會！

公寓大樓沒有自動上鎖的話，人人都可以自出自入，隨時來到你家門口！

三年裏面就曾經發生過兩次這樣的事情，而我的另一位朋友也有過類似的遭遇，令我不期然覺得那些深夜怪客別有用心。由於日本大部分公寓都沒有鐵閘，只有一扇單薄的木門，所以我們在搬家前就決定了要住在這種有自動上鎖的公寓，安全得多。

智能馬桶 隨時洗屁屁 トイレ

雖然我所有住在日本的香港朋友都接受不了，可是我真的超喜歡日本的智能馬桶！老實說，在搬來日本之前我以為日本所有家庭都有智能馬桶，一直幻想來到日本之後就可以每天用暖水盡情洗屁屁，誰知我以前的 share house 和池袋的家都只有普通馬桶，跟香港的馬桶一模一樣，好失望啊！搬來新家之後我馬上丟掉了貼在廁板上的毛毛坐墊，因為智能馬桶的廁板長期都是暖暖的，每次坐上去都超舒服～還有那個洗屁屁的功能真是最偉大的發明，水溫和力度統統都可以調節，上完廁所之後洗一洗，

在日本商場洗手間一定會看到的智能馬桶控制版，現在我家也有一個了～

好像連心靈都被洗滌了，特別精神爽利，朋友們都說我很噁心，可是真的很舒服嘛（笑）另外我們家是「浴廁獨立」，即是馬桶跟浴室是分開的，現在大部分日本新建的公寓都是這個設計。以前一個人住的時候覺得是不是分開都沒關係，不過兩個人一起住的話就很重要了，除非你不介意聞着臭臭的味道洗澡吧（我介意啊！）

浴廁分開真的衛生和方便得多，住過一次浴廁分開的公寓後就回不去了！

開放式廚房 料理原來很簡單

　　要我選最喜歡新家的哪個地方，我真的不知道應該選我夢寐以求的智能馬桶，還是我那巨型的開放式廚房。以前池袋的家最令我煩躁的不是熱水爐增值機，也不是沒有椅子的生活，而是廚房。幾乎所有 1R 公寓的廚房尺寸都小到不能再小，只有單個爐頭和一個洗手盤，雪櫃只能用最迷你的，連我以前大學住宿舍房內那個小雪櫃都比池

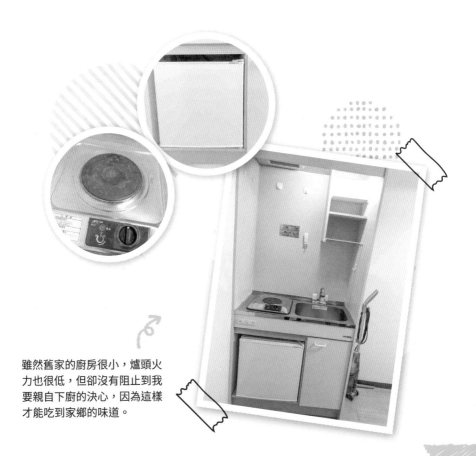

雖然舊家的廚房很小，爐頭火力也很低，但卻沒有阻止到我要親自下廚的決心，因為這樣才能吃到家鄉的味道。

袋家那個大。最大問題在於爐頭，看過杜生都知道電磁爐有多容易「着火」，不是燒熟食物，而是令我本人着火，而且還是超大火！那電磁爐竟然用 15 分鐘都無法燒滾一小鍋水，我每次都要用熱水煲煲滾熱水後放進鍋裏才能開始煮麵煮湯，真的有夠麻煩。說到熱水煲就不得不提提那裏有多容易跳掣，如果同時使用熱水煲、電磁爐、微波爐其中兩樣，不夠 60 秒一定會跳掣。可是對於一個火力弱過火柴的電磁爐來說，同時使用電磁爐和熱水煲難道不是必須的嗎？

　　來到新家，每次做飯時我都覺得很幸福。新家的火爐雖然也是電磁爐，不過就有 3 個爐頭，而且火力極猛，炸東西都沒難度。第一次做飯時，我一如以往地先開火燒水才開始處理食材，誰知水馬上就滾了，食材還沒洗好。到我乖乖把食材洗好切好才放進鍋裏時，又因為不習慣火力而滾到滿瀉，可是那時我竟然還覺得很開心，跟芋頭說：「這電磁爐火力超大，好棒啊！你看我的湯都滾瀉了！」

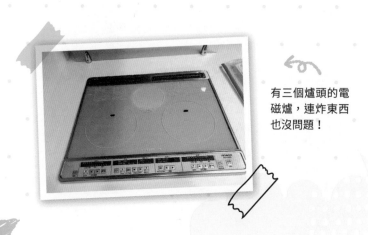

有三個爐頭的電磁爐，連炸東西也沒問題！

他一定以為我腦袋壞掉了吧。此後我又挑戰了很多從未做過的料理，甚麼荔芋雞煲啊、咕嚕肉啊、炸廣島蠔啊、三色芋圓啊，原來煮菜可以這麼簡單和幸福，真好。

日本 1LDK 公寓房租要多少？

說到這裏，相信大家應該很好奇我們新家的房租要多少吧。我們家大約四百多呎，間隔為 1LDK，有一個廚房，一個客廳，一個飯廳，一間睡房，一個露台，浴廁分開，每個月房租大約 1 萬港元，即是一個人大約 5 千元左右。如果沒有養寵物，初期費用大約五十多萬日圓，可是因為我養貓的關係，要多付一個月「敷金」（類似按金），所以初期費用總共要花六十多萬日圓。不過留意我們沒有找地產公司，省了一筆仲介費，不然最後我們要付的就不只是六十多萬日圓，而是差不多八十萬日圓！如無意外我都不想再在短期內搬家了，因為初期費用真的很貴，我不想再付啦！

搬家之後很快就忍不住買了個水波爐大煮特煮，還有調味料的數量也比以前大幅增加了好幾倍！

CHAPTER 02

日本職場打怪獸

01 朋友親身經歷：被黑心企業暴力對待

　　工作，哪會有人喜歡？在日本工作，就更沒人喜歡了。我想也是因為這個原因，令很多想來日本挑戰新生活的人猶豫不決。相信大家都知道日本有很多黑心企業，新聞報道裏的黑心企業只是冰山一角，現實中它們無處不在，在我認識的朋友當中，至少有三位都曾經在黑心公司打過工，其中一位日本朋友「Y」更受過暴力對待，多年後仍不願提起，只有少數人知道他這段過去。

朋友 Y 的親身經歷

　　在鄉下的大學畢業之後，Y 一個人來到東京找工作。那時候他遇到了一家貨車公司的老闆，邀請他加入公司做傳銷工作。因為那家公司是有 80 年歷史、200 位職員的大公司，看起來前景不錯，所以他就決定在那裏展開他的工作生涯。

雖然朋友Ｙ以「營業部」的職銜身份加入公司，公司卻以實習為理由要求他在工廠工作，每天切割鐵片、焊接零件，惡夢從此開始。在工廠工作的職員大部分學歷都只有中學畢業，他們每天都對大學畢業的Ｙ冷嘲熱諷，每當Ｙ發表意見時都會第一時間否決，叫他廢話少說，跟着做就對了。可是即使跟着他們的方法去做，他們還是有各種藉口在雞蛋裏挑骨頭，開始對朋友Ｙ動手動腳，比較「溫柔」的有扯衣領後亂噴口水放聲大罵，心情不好時更會直接出拳打心口打頭，甚至使出「鐵頭功」撞朋友Ｙ的頭，比電視劇情節更不堪入目。

　　如是這過了一年，朋友Ｙ被派到另一個部門，可是情況並沒有好轉。這個部門原本工作就不多，在職員已經足夠的時候卻被指派加入，當然會被投閒置散。他們並沒有分配任何工作給朋友Ｙ，沒事做的Ｙ只好一整天都打掃清潔，日日無所事事，最終他在這家公司工作了一年半左右才離開，終於脫離苦海。

日本職場文化與黑心公司 ブラック企業

　　大家一定會很好奇，這麼垃圾的公司，應該在一開始發現勢頭不對的時候就辭職吧！為甚麼朋友Ｙ會在那裏工作一年半之久？答案跟日本職場文化有關。日本不少企業都是「終身制」，在同一家公司工作三、四十年是一件正常不過的事。在香港，轉工就是薪金上調的好機會，可是在日本就不同了。如果你在上一家公司只工作了兩三年就找新工作，日本公司會覺得你太快轉工，一定是「對公司不忠誠」、「容易放棄」、「即使請了你也會很快離職」等等，所以日本人很少這麼快就轉工，以免找不到新工作或被新公司壓低薪金，這也解釋了朋友Ｙ為甚麼會在那家黑心公司堅持了一年半才轉工。

有時我會想：日本這個如此美麗的地方，為甚麼會有這種黑到骨子裏去的黑心公司？

除此之外，朋友Ｙ為甚麼不告發這家黑心公司呢？如果是香港人遇到這種黑心公司，也許老早就在網上大寫特寫，拜託網民起底，吐一口烏氣了。朋友Ｙ解釋：「在日本如果說前公司的壞話，萬一找新工作時被發現，一定會留下很壞的印象，因為新的公司會覺得自己離職後也會說該公司的壞話，這樣將來要找工作就會很困難。」很多黑心企業就是利用了這一點，知道被欺凌的弱者為了將來能順利找工作一定不敢告發，才會肆無忌憚地做出荒謬的惡行，愈發放肆。另外有的公司也會覺得「一定是你有問題，才會受到這種待遇，你敢說自己一點錯都沒有嗎？」看來雞蛋和高牆之間，不少日本企業都會站在高牆那方，令人們即使受到黑心對待也會忍氣吞聲，所以日本黑心企業的詬病才會一直存在吧。

02 4天工作制？！ 令人羨慕的 絕世好公司

雖然日本的黑心企業十分可怕，不過也不代表所有日本企業都會剝削員工。我的一位日本人朋友就在日本一家絕世好公司「R」工作，福利好到令我羨慕又妒忌！

四天工作制 講求工作與生活平衡

バランス

說到公司 R 最令我難以置信的，首先就是它的四天工作制。他們每逢星期三、星期六和星期日休息，每個出勤日不是剛放完假充足電，就是第二天可以放假好好休息，薪金水平卻和一般五天工作制的公司無異，如果不是我的朋友正在那公司打工，我還以為是黑心公司騙人的技倆！

為甚麼公司 R 會採用這麼罕見的四天工作制？主要原因應該是因為公司.R 的社長本人也想多放點假（笑），話說社長最初成立公司 R 的時候，他懷孕的妻子害喜非常嚴重。可是即使妻子平日身體感到十分不適，社長卻因為要工作而無法陪她去看醫生，一定要拖到週末才能一起

出門，結果妻子的身體狀況變得愈來愈差，花了很久才漸漸好轉。同時，因為妻子身體不適，做家務的責任就落到了社長身上。他發現如果只有週末才做家務的話，根本沒可能全部都做得完，一直累積到下星期再做的話，真的沒完沒了。

那時候社長就萌生了四天工作制的想法，希望在工作和私人生活之間取得平衡，也有多點時間照顧妻子。他開始試試自己星期三和週末放假，看看一星期只工作四天的效率，再比較五天工作制的效率。最後發現原來四天工作的話，工作起來會更加爽快，減少了很多磨磨蹭蹭的時間，比五天工作的工作成效更加顯著，四天工作制就是這樣誕生了！社長說，如果有一天發現四天工作制實行起來，大家的工作效率沒有加快，就會取消這個制度。社員為了不讓這個制度消失，人人都加倍落力工作，社長一方面多了一天假期，另一方面又增加了員工的工作效率，真的太聰明了！

不分男女 強制育兒假

育兒休暇

話說原來公司 R 在招入第一個社員的第二天，社長就開始放育兒假了！雖然社長是男性，但他認為育兒也是他家庭生活中很重要的一部分，不能全部都交給妻子負責，所以就放了育兒假。後來公司 R 就出現了不分男女，強制放最少兩個月育兒假的制度，好讓大家都有足夠時間陪伴剛出生的嬰兒，夫妻可以合力照顧孩子。最重要的是：這兩個月育兒假中員工還是可以領足 100% 的薪水，這……這實在好得太過火了吧！

一視同仁 有假就放！

有給休暇

最後還有一點，就是新入職員工從進公司那天開始便可以放有薪假！

即使不是繁忙時間，在品川站還是可以看到大量上班族的身影。

112

根據日本《勞動基準法》，日本的「年次有薪假」制度是這樣的：

連續勤務年數	有薪假天數
6 個月	10
1 年 6 個月	11
2 年 6 個月	12
3 年 6 個月	14
4 年 6 個月	16
5 年 6 個月	18
6 年 6 個月	20

即是說在一般日本企業工作，在工作滿半年之前不能放有薪假；如果要放假，就一定要請無薪假才行。可是公司 R 在所有員工入職第一天開始，就給予員工放有薪假的權利，我在日本五年以來，還是第一次聽到有這樣好福利的公司！

辦公室林立的
東京日本橋。

說到有薪假，大家看完以上數字，是不是覺得日本人有薪假很多，很羨慕呢？不過事實上很多日本人即使有假也不會放，一來怕自己請假會被扣上「懶惰」、「不專業」的形象，二來日本人是一個很怕麻煩到別人的民族，覺得如果自己放假了，工作就要分給同事做，加重同事負擔，最後寧願讓有薪假到期後自動消失，實在太浪費了⋯⋯

　　說到底公司 R 也是一家日本企業，職員 95% 以上都是日本人，不少員工也抱著不應請假的想法工作。為了讓員工可以好好休息，公司 R 的主管還會定期催員工放有薪假，不要整天只想着工作工作工作，公司 R 果然是日本企業中清泉中的清泉！

說起清泉中的清泉，就想到輕井澤雲場池（這配圖搞甚麼鬼，完全圖文不符啊！）

工作時加倍認真，
放假時盡情享樂！
（攝於北海道標津）

03

日本職場文化，跟菠菜有甚麼關係？！

無論是黑心企業又好，良心公司又好，如果想在日資企業工作，就一定要知道日本的職場潛規則。當中最有代表性的，就要數「菠菜法則」了。

「菠菜法則」：報告、聯絡、商量

ほうれん草

1982 年，日本山種證券的社長在自己的著作中提出了可以讓公司效率和業績上升的「菠菜法則」。這法則在日本的影響力非常深遠，不少日本人在中學時期已經聽過這個法則，時至今天，仍然有很多傳統的日本公司視之為職場鐵則。

區區一棵菠菜，為甚麼可以在日本職場文化中佔有如此重要的地位？原來日文的菠菜發音「ほうれん草」（hou ren sou）剛好跟日文中的報告、聯絡（連絡）、商量（相談）這三個生字的第一個字發音一樣，所謂「菠菜」其實就是指「報、連、相」這三個處理公事的法則。

報告：在上司的指示下工作時，每個階段都要向上司報告工作進度。例如上司要求你安排跟客人開會，你在完成送出郵件、預約時間、預約會議場地等等每一個步驟時都要跟上司報告。

聯絡：不要有自己的個人意見或多餘猜測，向所有相關單位客觀地報告工作狀況。

商量：在工作上如果單憑一己之力很難判斷應該如何處理的時候，就要跟上司商量，尋求意見。

因為這個「菠菜法則」，不少日本人每天下班前都要寫日報向上司報告當天的工作狀況，的而且確可以令懶散的員工不敢偷懶白拿人工，也可讓管理層更輕鬆掌握每個員工的工作量、能力和進度，不過過度遵守法則浪費了員工很多時間，導致日本很多公司都有員工無意義的加班問題。「無印良品」就曾指出「菠菜」對公司無益，不會採用，也有人將「菠菜」惡搞成另一個「職場躲懶法則」──「放置」（置之不理）、「連休」（連假）、「早退」，非常爆笑。不過好笑還好笑，要是你尚未做好切腹的準備，勸你還是不要斗膽在日本職場中提出這個躲懶法則，挑戰上司的底線。

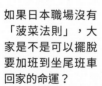

如果日本職場沒有「菠菜法則」，大家是不是可以擺脫要加班到坐尾班車回家的命運？

飲酒會 ── 工作的延伸

飲み会

　　日本很多公司都會不定期舉辦飲酒會（飲み会），雖然大部分飲酒會都聲稱是「自願參加活動」，當然酒錢也是從自己的荷包中掏出來，不過 99% 日本人都會視飲酒會為工作中的一個部分，要是哪位同事天真地相信飲酒會屬於自願參加活動，拒絕參加，更可能被貼上不合群、不積極、工作能力低的標籤。

　　在飲酒會中，員工可以把握機會展現自己說話風趣、細心的一面，例如說笑話炒熱氣氛，在上司的杯子快空的時候趕快遞上飲品菜單，幫上司點下一杯酒等等，都可以輕輕鬆鬆加幾分。相反，飲酒會中如果在一些細節上沒好好注意的話，隨時會遭殃！好像大家說「乾杯！」踫杯子的時候，比較下級的員工要單手摸着杯底，從下而上跟大

日本人常說「花金」（花之星期五）要去飲酒會，總之「花金」就是要盡情喝酒唱 K 的日子，不過另一方面來想，「花金」難道不是「花」掉「金」錢的星期五嗎？！

在居酒屋飲飽食醉後，很多人都會選擇到卡啦 OK「二次會」（續攤）。

家踫杯，而且絕對不可以舉得比上級員工高；幫上司斟啤酒時（沒錯斟酒是下屬的工作，千萬不要讓你的上司自己斟酒！）同樣要單手摸着啤酒瓶底，另一隻手握在酒瓶標誌下方，這樣倒酒的時候上司才能看見你在斟甚麼牌子的酒；還有座位也有講究──最上級的員工坐最裏面，菜鳥新人坐最出面，這樣才能方便點菜加單等等，總之都是一些習慣了就好的小細節。

　　飲酒會在日本職場文化中真的是非常重要的一環，可能會有公司不採用「菠菜法則」，卻沒聽過有公司完全不辦飲酒會。好在飲酒會中常常都會出現高級美食，所以我也挺喜歡飲酒會，成功好好地融入日本職場文化了（笑）

遇到喜歡勸酒的上司和客戶真的會有點頭痛，尤其不停被勸飲日本酒之類酒精成分較高的酒就更頭痛。好在不停要女生喝酒的話難免會被懷疑有不軌意圖，所以在飲酒會中女生比較容易逃離勸酒狂魔的魔掌，不過如果你是男生的話就⋯⋯加油吧（拍拍）！

如果你在深夜到通宵營業的家庭餐廳，很多時都會看到因為飲酒會而錯過了尾班車的上班族在呼呼大睡，等到第二天早上有電車才回家。

無論職場內外 一律禁止「迷惑」

你或會很疑惑,甚麼叫禁止「迷惑」?如果你住在日本,一定會常常聽到「迷惑」這個生字。簡單來說,迷惑就是給人添麻煩,令別人困擾。日本文化中,做甚麼都不能「迷惑」到別人,例如明明在日本電車車廂中可以飲食,但大家都會很自律,不會吃喝氣味濃烈的東西,就是因為他們不想為別人帶來困擾。

在職場當中,最有代表性的「不迷惑」體現就是守時。上班守時是基本中的基本,如果公司規定了上班時間為9時,那麼你8時55分就已經要坐好在電腦前,準備開展一天的工作。如果上班遲到,同事、上司、下屬有事找你的時候就會找不到,客戶打電話到公司時也會聯絡不上,所以在日本上班遲到不只是工作紀律的問題,更加會令大家十分困擾,自然要禁止再禁止。

即使車廂空無一人,日本人還是會自律地不吃味道強烈的食物,以免等一下有人進到車廂時會聞到食物的味道。

不要以為上班遲到時，用一句
「電車延遲」就能蒙混過去，
大部分日本公司都會要求大
家即使出現電車延遲的情況
還是能夠準時到達公司。

除了守時之外，在日本公司接聽電話也是一門學問。大部分企業都會要求員工在電話響三聲以內接聽電話，要是做不到的話，接聽時一定要跟對方說：「抱歉久等了，為你添麻煩了」之類。如果對方想聯絡的人不在公司，我們也不可以說：「請你打他的手提電話」，而是要說「我會請他打電話給你」，因為要對方親自再打一個電話，就是為別人添麻煩的舉動。

　　日本近年多了不少企業共用辦公室，萬一整間公司的員工都不在公司的時候，一定要「飛線」到自己的手機，甚至拔掉電話線，務求電話不會一直狂響，一來不用怕吵到別人，二來也可以避免麻煩到其他公司的職員幫忙接聽電話。你或會覺得太誇張太麻煩了，真的是吹毛求疵！不過着重細節，考慮別人立場的文化，不正正就是日本可愛的地方嗎？

無論任何情況，一定要接聽客人的電話！哪怕要放下公事包跪在地上，哪怕車站內人來人往異樣而目光四射，都要接聽客人的電話。看到這一幕時，老實說很心酸……

午餐時同事們全都不在辦公室的話就一定要拔掉電話線，以免麻煩到共用辦公室的他社職員要幫忙接聽電話。

04 習慣就好，不習慣會被逼瘋的超龜毛職場禮儀

不要以為成功克服了煩死人的「菠菜法則」、累死人的飲酒會，就等於已經戰勝了日本職場這隻大怪獸！還有更加龜毛的日本職場禮儀十面埋伏，稍一不慎就會掉進深淵……

某日本大公司事務所外貼着的告示：
「一切從打招呼開始
出入事務所時……
辛苦你了
早安
午安
晚上好
我先走了
我去一去○○再回來
視乎情況精神地叫出聲吧！！
一定要回應同事的打招呼啊！！」

交換名片的學問

頂戴致します

想在日本職場打滾，一定要懂得交換名片。跟客戶、工作伙伴等交換名片時要先站起來，將名片面向對方，15度向前鞠躬的同時順序清楚介紹自己的公司名、部門和自己的全名，收到名片後一定要再鞠躬說「我收下了」（頂戴致します），整個交換過程才結束。

聽起來好像很普通吧，其實魔鬼就藏在細節之中！交換名片時，地位較低的那位要把自己的名片拿得比對方低一點。如果兩個人地位差不多的話，通常大家都會在胸口開始遞出名片，要是對方收下了的話，就感謝上帝賜給你輕鬆完成交換名片的一天吧。可是如果對方把自己的名片遞到腰間，有的人就會再把自己的名片再放低一點，兩個人一直再把名片拿得比對方低，直至有人願意收下名片才會結束這個「誰的名片比較低？」的無聊遊戲。

曾經有一次我去訪問日本的視覺系空氣樂隊「金爆」（ゴールデンボンバー）時，就遇到跟對方職員交換名片時差點蹭到地上才成功交換到名片的經歷。那天在場至少有六、七位職員，所以這個「遊戲」我重複玩了好幾次，光是自我介紹和交換名片就花了超過十分鐘，佔了整個拍攝時間的三分之一！雖然這種情況並不常見，不過真的要留意除非你是社長級之類的大人物，不然千萬不要把自己的名片放得比對方高，以免令人覺得你很失禮！

另外如果在開始會議前交換名片的話，就要留意交換好名片之後不可以馬上把名片收起來，因為這樣會令人覺得你根本沒看清楚對方的名字和部門職位等等。在大家都已經入座後，可以將對方的名片整齊地排列在桌子上，以便開會時可以馬上唸出對方的名字，不怕出現叫錯名等擺烏龍的尷尬事。雖然如此，我也曾聽說過有的人會覺得你整場會議都把對方名片放在桌上，會令人覺得你無視對方名片。這個時候可以看看對方做法，如果對方把你的名片收起來了，我們就可以收起對方的名片，或者在會議小休時整理桌面，順便收起名片。我個人的做法是「敵不動，我不動；敵一動，我即動」，對方不收名片的話我也不會收起，對方收起了的話我就馬上收起，怎麼樣，日本職場交換名片的禮儀真的很龜毛吧！

どうぞ

會議室座位表 菜鳥注定做「門神」

跟客人開會時，要留意會議室的座位並不能隨便亂坐。去對方的會議室開會時，在對方說「請坐」之前，哪怕已經累到腳跛也必須繼續站着，絕對不可以私自坐低，因此經常會出現人們堵在門口極度擠塞，誰也不走進會議室內的情況，真想反白眼再大叫一聲「請行入車廂中間，多謝合作！」當對方說請坐後，如果對方沒有指明請大家坐在哪個位置，原則上客人會坐在最遠離門口的座位，如果客人不只一人，就由最高級的那位坐在最入面的位置，

順次序坐向門口方向。如果你並不是客人，又是公司裏最底層的菜鳥，基本上就會坐在最接近門口的位置，所以日本職場菜鳥注定做「門神」就是這個意思啦～

兩大重點 學懂日本職場送客之道 ^{見送る}

　　在日本職場禮儀中，送客是很重要的一環，拍攝工作、會議等等結束後一定要目送客人離開。如果客人坐電梯離開，就要先為客人按電梯掣，等到客人進入電梯後，在電梯外來個 90 度鞠躬，大聲說聲「謝謝」，直至電梯門關上為止。如果客人坐車離開，就要在街上來個 90 度鞠躬，直至車子離開視線範圍為止。總而言之送客的重點在於「90 度鞠躬」和「客人離開視線範圍為止」，無論在任何地方只要做到以上這兩點，就是符合日本職場禮儀的送客之道。

以這個會議室為例，電視機左邊那個就是專屬於客人的座位～

阿婆絲襪 是職場重要單品？！

　　日本是一個非常重視外表的國家，說到職場禮儀當然不少得有關員工服飾的各種規則。最基本的就是不可以穿背心、短褲、牛仔布，女性裙子要及膝，上衣不可以透到內衣等等。不過有一點我到現在還是不能理解，就是女性一定要穿阿婆絲襪！所謂的「阿婆絲襪」，其實就是肉色絲襪，穿上去會變成半透明，看上去雙腿會變得十分白滑，個人覺得有點「引人犯罪」（笑）我在外資公司工作，平日都是隨心所欲地穿衣服，但是萬一要跟日本人客戶開會，我就一定要翻箱倒櫃把阿婆絲襪找出來，不然會被日本人視為非常失禮。如果想在他們手上贏得案子的話，真的不能少看這對絲襪！

曾幾何時，我也經歷過去跟客戶開會前要傳絲襪照給日本同事「檢查」的日子。

職場「違禁品」——口罩！

ご遠慮

　　如果說阿婆絲襪是職場重要單品，那一定不能出現的就是口罩了。大家都知道日本人有病無病都會戴口罩，但如果要跟客戶開會、初次見面打招呼時，大家都一定不會戴口罩，因為在職場上戴口罩會被視為不禮貌。

　　在新冠肺炎最初傳入日本時，我曾經去過成田機場拍攝，那時候我剛從香港回日本屬高危人士，說明原由後就一直戴着口罩參與拍攝。那天跟我一起拍攝的還有另一家公司的代表，他原本也戴着口罩，可是看見我之後就收起了口罩。我跟他說：「機場風險很高，而且我還是高危人士，你還是戴着口罩比較好，不用收起啊！」他卻堅持工作中不可以戴口罩，一定要等到我們離開了之後才會戴，我只好盡快完成拍攝，讓他可以早點保護自己。

到後來肺炎疫情愈來愈嚴重，保護員工的聲音愈來愈大，不少商店職員都開始戴上了口罩。可是他們也不是直接戴上口罩就行，還要在店內到處張貼告示，跟客人道歉「對不起無法用笑容接待大家」；有的公司更繼續死守「職場不能戴口罩」的文化，禁止員工戴上口罩，最後在各界的指摘下才決定放棄，我真的要好好抄下這些視職場禮儀比生命更重要的公司名字，把它們列入黑名單才行！

日本人平日口罩不離身，可是在職場上卻會統統絕跡。

CHAPTER 03
港日戀愛指南

01

日本男生很大男人？

知道我跟日本男生交往後，｜個朋友中有九個都會問：「日本男生是不是很大男人？」老實說我只交過一個日本人男朋友，這一個日本人當然無法代表所有日本男生，不過如果你問我覺不覺得芋頭很大男人，那答案一定會是「不！」

「亭主關白」──昭和年代的大男人

分担する

「大男人」這個字在日文難以直譯，其中最接近的應該就是「亭主關白」（ていしゅかんぱく），「亭主」指丈夫，「關白」是日本古代的一個官職，指天皇成年後

的攝政官。「亭主關白」就是男人作為一家之主，掌握家庭中大小事務的一切大權，妻子、孩子甚麼事都要聽從丈夫、父親的意願。

「亭主關白男」在昭和年代非常普遍，那時日本整個社會都是「男主外，女主內」，男方清晨就出門工作，到很晚才回家，因為丈夫大部分時間都不在家裏，所以做家務、照顧孩子、料理一日三餐、預先放好洗澡水等等理所當然全部都是女方的工作，萬一男方回到家中發現妻子沒有做好「分內事」，可是會大發雷霆！

昭和中期之前日本的經濟很好，男方一個人所賺的薪金已經足夠支付整個家庭的使費，在「誰有錢誰可以大聲說話」的世界，男方自然可以做大男人。不過時移世易，來到平成、令和年代男女地位已經大大不同。隨着日本經濟變差，男生一個人賺的錢已不再足夠養家，加上日本在1986年實施「男女雇用機會均等法」後，漸漸多了女性放棄做全職家庭主婦，變成在職媽媽。既然雙方都有財政基礎，雙方都不是長期在家，家務自然就不再是女方的責

任，男人也要共同承擔，所以「亨主關白男」在現今世代的年輕男生中變得少了很多，最多都是希望女方每天煮早餐給自己吃的程度（芋頭間中就會碎碎唸我沒有每天做早餐給他吃……）今時今日的男人如果還是保持昔日大男人「我就是上帝」的作風，分分鐘會被嘲笑是「昭和年代的男人」！

我和芋頭兩個人都有上班，所以家務也是兩個人一起分擔，例如我做飯，芋頭洗碗。我個人十分滿意這個分工，因為這代表着我可以隨意煮任何我想吃的東西，還會有人幫忙洗碗！

日本男兒愛面子 メンツ

雖然我所認識的日本男人都不是大男人，不過他們都很愛面子——這裏說的愛面子不是那種討人厭的愛面子，而是有點像「傲嬌」的感覺，在外必須展現日本男兒豪邁、有男子氣概的一面，可是在家裏完全是兩個樣子，只有女朋友可以看見。例如我和芋頭一起去跟我或他的朋友吃飯時，芋頭會先「告誡」我不要在大家面前說他任何不好的地方，即使只是一些雞毛蒜皮的小事，好像是「昨天教錯我日文漢字發音了」之類也不可以。

如果在香港的話，大家也許會覺得只是在搞氣氛，互相投訴耍耍花槍放放閃光彈，男方可能會在女方滔滔不絕地爆料時向朋友們做鬼臉、做口型說：「我沒有啊！」之類，所有人一起哄堂大笑，不會傷感情。可是如果你的男朋友是日本人的話就不可以了，因為他們真的非常忌諱在外面辛苦建立的完美男人形象被破壞。

　　有一次我忘記了自己在外面說了些甚麼，令芋頭非常生氣，回家經歷了一場腥風血雨的大吵架。芋頭覺得我在外面應該抬高他的形象，我就覺得自己只是在說說笑，搞搞氣氛，不至於要被生氣吧，雙方僵持不下。最後看到

日本男友的壞話，要在
背後說才行！噓～

芋頭心情低落，說不知道以後要怎樣見人（不知道還以為他被迫裸跑全日本一圈）我一方面心裏覺得很抱歉，另一方面又覺得他的樣子太搞笑了，忍不住笑了出來。結果他看到我偷笑又忍不住笑了，就這樣終於和好如初，我也學懂了一定不可以在日本男朋友面前說他的壞話，要在背後說才行！哈哈！

「你過來！」　おいで

　　日本男生傲嬌愛面子，還在三個字中能體現出來。這三個字不是甚麼浪漫的「對不起」、「我愛你」之類，而是「你過來！」話說日本男生很喜歡在討抱抱時說「你過來」（おいで），我常常心想你要抱抱就自己過來啊，自己要討抱抱竟然還要對方親自走過來，是甚麼霸道總裁嗎？！每當這個時候芋頭就會尷尬又懊惱：「明明日本女生都很喜歡男生跟他說『你過來』，一聽到這說話女生們應該心想『噢！他叫我過來了！心跳加速！好害羞！』之類的……所有日本男生都會這樣說啊，而且好端端的自己走過去抱抱也太害羞了……」那個你們是不是看動漫看

太多了啊？日本女生真的會覺得很高興嗎？我只是覺得坐得好好的懶得動，果然香港女生對日本男生來說實在太不溫柔體貼小鳥依人了～

最近因為他常常叫我過來，我便想着惡作劇一下反過來學他說「你過來」（きて），想不到他竟然說「真沒你辦法」（しょうがないな）過來了，看來是有個藉口可以抱抱令他很高興？果然日本男生的屬性根本就是傲嬌無誤！

日本男生沒風度？ 優しい

聽過不少外國人抱怨日本男生對女生沒風度，這一點我是部分同意的，因為日本沒有甚麼 ladies first 的概念，如果將香港女生在香港所受到的超好待遇搬來日本，一定會覺得有差。日本男生不會幫女生拿手袋、不會先開門讓你進來、不會幫忙開車門……有次在街上我說覺得很

冷，芋頭想都沒想就說：「那就把手放在口袋裏吧！」一點都不懂得浪漫！如果我交的是香港男朋友，我深信他一定會馬上脫了他的外套給我穿上的……很多我們在香港習以為常的男生溫柔來到日本便會消失得無蹤無影，老實說每每想到這點我都覺得港男真的蠻不錯的，以往真的身在福中不知福（笑）。

不過我們真的不可以怪日本男生，他們「沒風度」不是因為他們不想這樣做，而是從來都不知道怎樣做才是有風度，不知道外國男生會怎樣對待女生，所以芋頭第一次來到香港時真的遇到很大文化衝擊，回到日本後漸漸會特意做一些有風度的事，好像是冬天風超大的時候借圍巾給我，坐扶手電梯時一定會站在我下方擋着裙子之類，我反而覺得太甜膩膩了不習慣呢。

雖然日本男生很少幫女生拿手袋，但如果真的很重的話，他們還是很樂意幫忙啦～

02 香港女生 VS 日本男生 四大文化衝擊

即使男女雙方都是香港人，不同家庭背景下長大的男女也會有文化差異，更何況是異國戀？以下我就整理了港日戀愛時自己親身遇到的四大文化衝擊，如果想跟日本人好好戀愛，就要做好心理準備在這些文化差異下相處啦～

1. 日本人説話轉彎抹角 是在考我腦筋急轉彎嗎？！

不思議

首先第一點，只要在日本生活過的外國人都一定有同感，就是日本人説話常常轉彎抹角！明明只要説「好／不好」就可以了，可是日本人偏偏要帶你遊花園再上太空漫遊幾個世紀，到最後還是不會跟你説到底是「好」還是「不好」，要人家花盡腦汁去揣摩他們的心意。我們香港人最喜歡開門見山，單刀直入，剛好在説話直接這方面我

又特別像個香港人，所以每每聽到他們遊花園就會心想：好煩啊啊啊～～～～

又有時只是簡單問一句：「這道菜好吃嗎？」日本人可能會答你「普通地好吃」（普通に美味しい）、「不思議的味道！」（不思議な味！）等模棱兩可的答案，最初我來到日本時真的不明所以，現在住久了腦內就會有部自動翻譯機，「普通地好吃」算是「比一般更好吃」，不過又未到非常好吃的級數；「不思議的味道」是有點怪怪的，如果要在好吃和不好吃之間選擇，就算是不好吃了。

工作的時候，遇到日本同事、客戶遊花園，我當然會努力去揣摩他們的意思，畢竟我們是異鄉人，融入日本的文化是必須的。不過在工作以外，跟男朋友相處時，我就會間歇性關掉腦袋內的「日本人轉彎抹角翻譯機」，也因此鬧出過很多笑話～

日本人說話常繞圈子，聽到人家「黑貓問號」！

141

話說我們去香港迪士尼樂園玩的時候，發現那裏有很多漂亮的手機殼，可以自選款式和印上名字，因為我們都剛好想換個手機殼，就決定一人買一個。那時芋頭問我：「你不跟我選一對的手機殼也沒關係嗎？」（お揃いしなくても大丈夫？）那時我以為他覺得我想選跟他一對的情侶裝手機殼，如果我想的話可以配合我，可是我心裏覺得沒關係啊不用特地遷就我，難得來到選各自喜歡的就好了，所以就答他：「我沒關係的不用在意～」。他就說那好啊我們各自選吧。到後來大家都選好了之後，他又再次問了我一樣的問題，可我仍未發現他真正的想法，只是回道：「我真的沒關係，不用勉強遷就我要一樣款式的，而且我這款也很女性化，跟你不適合」，如是者我們就各自買了不同款式的手機殼。

肇事手機殼。你看我那款貓貓這麼可愛，怎能情侶裝啊？！

一直到我們回到日本，有一天他一邊裝哭一邊說：「今天同事讚我的手機殼很可愛，問我是不是跟女朋友情侶裝……我說不是啊，女朋友不要跟我用情侶裝手機殼……」這時我才恍然大悟，原來那時他問我「你不跟我選一對的手機殼也沒關係嗎？」的真實意思是「我想要跟你用一樣款式的情侶裝手機殼」，我卻一直沒發現！從那天開始芋頭就一直笑我很「KY」，「KY」是日文「空気読めない女」的簡寫，意思是不懂觀言察色，我倒反駁不了。說話轉彎抹角的日本人跟不懂觀言察色的香港人湊在一起很易生出誤會，不過只要各自都為對方努力，日本人說白一點，香港人多想一點就可以解決，現在回想起其實這些小誤會都是很可愛很有趣的回憶（芋頭：一點都不有趣，KY！！！！），好啦對不起嘛～～～

為了賠罪，最後我在 UNIQLO 買了兩件情侶裝牛仔襯衫再燙上了一對超可愛的草日貓貓圖章，事件終於告一段落（笑）

2. 香港人不說場面話 日本人內心很受傷！

すてき

日本人是一個很考慮他人想法的民族，為了不讓別人受傷害，他們從小就習慣了甚麼都要先讚美，所以大家可以想像到當他們遇上不習慣說場面話的香港人時，內心會受到幾大傷害！以前我曾經在澀谷做過一個街頭訪問，日本人認為逢女讚「可愛」，逢男讚「帥氣」是基本，如果對方真的太醜讚不出口，可以轉移讚「衣服很時尚」、「髮型很好看」等等。萬一對方外表真的一無是處，說出來會對不住自己良心，日本人就會讚：「你很善良」，總之不理三七二十一先讚就對了！

雖然來日本幾年了，我也習慣了「萬大事要先讚好」的原則，可是有時錯過了讚美的黃金時間，就會不小心傷害到日本人啦。有次芋頭親自下廚，吃起來就是一般的飯菜，沒有特別好吃，也沒有特別不好吃，就是「普通地好

肇事晚餐。好啦其實真的很好吃，只是下次可以少放一點鹽啦～

吃」的那種。那時我吃了幾口，說：「謝謝你煮飯給我吃，辛苦你了」之類，沒有說「好吃」，芋頭就說：「我一定煮得很難吃……不然你怎麼會不說好吃？正常大家吃一口就會說好吃的……」沒錯！我做錯的事就是「沒有第一時間讚好吃」！我應該要先說「好吃」，之後才可以說其他話，如果覺得太鹹，可以說「很好吃！下次想試試比較少鹽的版本，也許也會很好～」之類，這樣對方就會明白「其實有點太鹹了」，可是又不會覺得難堪。總之一定要在吃第一口後把握黃金時間說「好吃！」，不然之後再說千百萬次好吃，對方都已經受到傷害了。

同樣道理，日本男友幫忙拍照後，一定要第一時間大讚「拍得很好看」！

3. 日本男生超愛美！ 可以不要再偷用我的護膚品嗎？

　　相比香港男生，日本男生真的愛美多了！日本社會很注重外表，從商品的外表到人的外表都一樣重要，所以日本人很願意花時間在美容和打扮上。我認識的日本男生90％都跟女生一樣會做足洗臉、護膚等皮膚護理，就連香港男生最討厭的防曬臉霜、手霜和護唇膏，他們都會好好塗上。芋頭以前都是用自己買的護膚品，後來發現我的護膚品好像比較好用，常常都「借」來用，最後索性跟我一起去專櫃買護膚品，做皮膚測試、諮詢等，連專櫃小姐都認得我們（笑）

　　除了皮膚護理之外，日本男生又很重視他們的髮型和眉毛。頭髮基本上一個月就會去剪一次，去時尚的髮型屋剪個上班日可以把瀏海梳起，放假時可以把瀏海梳下來的髮型。又因為大部分上班族都會梳起瀏海，兩條眉毛一覽無遺，所以他們又很注重要修眉。我以前修眉都只修會被看見的那一邊，看不見那邊就懶得修，結果被芋頭吐槽好幾次：「好像我修眉比你還多，你甚麼時候要修修另一邊眉毛啊～」果然愛美不只是女生的天性，日本的男生甚至比我更愛美呢！

4. 港女還在睡覺時
日本女生在做早餐給愛人吃

　　最後一點就是：日本男生都會很期待另一半每一天都做早餐給自己吃，甚至有不少女生認為做早餐給自己的另一半吃是光榮和責任！單看日本男士求婚時的名言：「你願意每天早上都做麵豉湯給我嗎？」，就知道日本文化中女生做早餐給對方吃有多理所當然！我一直都不知道日本有這可怕的「女生做早餐文化」，一直到我跟芋頭搬在一起之後，他才說：「我的願望就是你每天都做早餐給我吃，可是每天早上你都睡死了……嗚嗚」（又裝哭！）

平日上班前哪有時間在家
慢慢煮早餐！能吃個水果
乳酪已經是奇蹟了！

不要說早上特地爬起床做早餐給對方吃，我根本連自己吃早餐的時間也沒有，每天起床後忙着化妝出門，能多睡一分鐘就多睡一分鐘，要我學日本妹早起床做早餐真的太高難度！不過我也明白要是我真的堅持完全不做早餐，或是芋頭堅持一定要我做早餐，無論是哪個做法都對我們的關係有負面影響，所以最後我決定在假期的時候努力做早餐，這樣雖然未算達到日本人理想的早餐狀態，不過也足以逗芋頭開心，這樣我也不用再聽他裝哭啦（笑）。

有時假日我會起床做忌廉芝士香蕉多士，邊吃邊抱着貓，享受悠閒的早餐時光。

03 港日戀愛苦與樂1—— 小心觸動日本人的 憤怒開關掣！

　　港日戀愛聽起來好像十分浪漫，但實際上這兩個地方文化差異多多，香港人和日本人住在一起，有時真的會令我不禁輕嘆一句「相愛很難」（哭）。我喜歡先苦後甜，就先說說跟日本人談戀愛有甚麼累人的地方吧。

憤怒的芋頭
示意圖（笑）

1. 二十四小時說日文真的很累！
有本事就用廣東話跟我鬥嘴

けんか

　　礙於廣東話實在太難學難精，基本上大部分跟日本人戀愛的香港人都會跟另一半說日文，意思是每一刻你都要用你的第四語言跟日本人伴侶相處。既然我都搬來日本了，當然做好了每天都要說日文的覺悟，可是實際上當我廿四小時都要說日文時，即使下班了回到家裏還是要打醒十二分精神，不然很可能會因為日文問題而吵架。好像香港人驚訝的時候不是很自然就會「吓」一聲嗎？可是在日本說「吓」的話就會被視為很粗鄙沒禮貌，甚至是「想撩交打嗎」的感覺。

　　又有時吵架的時候，自然不想這麼卿卿我我地稱呼對方的愛稱，直接想說「你」怎樣怎樣吧！可是每當「你」（あなた）字脫口而出，對方的憤怒開關就會忽然被打開，因為「你」（あなた）是一個很有距離感的字，在情侶之間不會用到，總之「你」字一出，這架不吵到深夜都不會完……有好幾次吵架時不小心火上加油，都是因為在錯的時候用錯的方式用了錯的日文字，每當這個時候我都會覺得又委屈又憤憤不平：我都已經遷就你一直說日文了，難道就不可以放寬一點標準，不在雞蛋裏挑骨頭嗎？不然你有本事就廿四小時跟我說廣東話，用廣東話跟我鬥嘴！哼！

2. 你有你的生活 我有我的習慣

　　日本人跟香港人有很多生活習慣都不一樣，如果把自己的生活習慣強行加諸對方身上，可是會把人逼瘋啊！就說說刷牙好了，日本人非常喜歡刷牙，除了早晚刷牙之外，中午吃飯後、見客戶前、午睡前後、甚至在吃好東西前都會刷個牙。為了可以隨時隨地刷牙，不少日本人都會隨身攜帶牙刷，我間中在公司、商場的洗手間都會看到有人刷牙。有時我會想日本一街都是牙醫就是因為他們太愛刷牙，牙齒上的琺瑯質都被磨走了，結果牙也變弱了不是嗎？好吧，他們愛刷牙是他們的事，我不會去阻止，可是同時我也希望對方不要把他們瘋狂的刷牙文化加在我的身上。要是怕有口氣，用漱口水、吃香口珠不就好了？吃好東西前刷牙的話，不就只吃得到牙膏的味道嗎？所以每當芋頭在奇怪的時候叫我去刷牙我都會強力拒絕，自己琺瑯質自己保護！

兩個來自不同地方的
人談戀愛，難免會有
很多磨擦／0＼

無論在家裏還是餐廳都常常出現炸物，真的非常「熱氣」，可是日本男友卻無法理解這個概念……

文化差異，令日本男友無法理解「熱氣」的概念，只好默默地煲些清潤下火的湯水滋潤。

除了刷牙之外，直至今天我和芋頭之間還是有很多生活習慣上的差異「未解決」，例如日本人很習慣在聽人說話時加入大量附和語，好像是「是」（はい）、「嗯嗯」（うんうん）、「對對」（そうそう）、「原來如此」（なるほど）之類。我跟日本人客戶說話時也會加入大量附和語以示禮貌，不過在家裏常常懶得附和，有時會等芋頭說了好幾句話才加入一個「嗯嗯」，這樣很容易令日本人誤會我不想聽他說話，敷衍了事，我們還試過好幾次差點因此吵架！

　　另外日本又沒有「熱氣」的概念，有時芋頭說想吃披薩，我就會說不要，因為我很……熱氣到底該怎樣解釋啊？！在連續好幾天我都因為熱氣而不想吃炸物後，芋頭終於忍不住抱怨我都不陪他吃他想吃的東西，冤枉啊大人我只是因為熱氣而已！

拍這張照片那天也跟芋頭吵架了，原因是我只顧着幫米奇米妮拍照，沒有跟他合照，這生氣的理由也太可愛了吧，笑死我了！

04

港日戀愛苦與樂2——
結婚3年就有
永住權？！

雖說異地戀有時真的有苦自己知，好在其他幸福快樂的時光夠強夠大夠耀眼，足以讓我們忘記那些苦澀的瞬間。

1. 日本有趣文化 每天都有新發現

ぶんか

異地戀其中一個最有趣的地方，就是我們往往會在日常生活中發現對方母國的有趣文化。好像有一天晚上，我聽到芋頭剪指甲時一直在嘀嘀咕咕些甚麼，仔細一聽原來在說「這是貓的指甲……這是貓的指甲……」，非常詭異。細問之下才知道原來日本人相信晚上不可以剪指甲，否則死後會見不到父母（另外還有看不到父母最後一面、會折壽早死之類的版本）。如果逼不得已要「破戒」在晚

上剪甲，他們就會不停「唸咒語」：「這是貓的指甲⋯⋯這是貓的指甲⋯⋯這是貓的指甲⋯⋯」唸到剪完為止。我聽完之後覺得很有興趣，翻查資料後覺得最合理的解釋就是古代的時候沒有電燈照明，晚上在漆黑之中用小刀剪指甲的話十分危險，為了讓大家不要在晚上剪甲漸漸出現了這個說法，一直流傳至今，每次看到芋頭在晚上剪甲時唸咒語都覺得日本人真的單純又可愛～

　　除此之外，跟日本人一起生活，讓我深深地體會到日本飲食文化中「米飯」的地位有多超然！日本人的腦袋裏好像有個很嚴重的 bug，就是他們的大腦只判斷到「米

這個分量的白飯到底是怎麼一回事？而且他還會一直添飯啊！

飯才是主糧」、「只有吃了米飯才會飽」,所以他們吃甚麼都要配米飯,吃拉麵配飯、打完邊爐吃完烏冬又配飯、明明才剛吃了十多隻煎餃,還是要再配個飯!雖然這些日本文化習俗在書上也可以看到,不過能親自在另一半身上發掘到這些日本文化,又是另一種難得又有趣的體驗。

2. 香港與日本 從單戀到相戀　恋人

　　一直以來都覺得香港和日本的關係,就像香港一直暗戀日本,可是日本根本連香港在哪裏都不知道!來到日本之後,有無數次跟大家介紹自己來自香港後被日本人誤會成是台灣人和韓國人。我們對日本的了解甚至比他們本地人更深,可是日本人對香港卻幾乎一無所知,啊……香港人對日本真是苦澀的單戀啊。

芋頭也跟其他日本人一樣，最初完全對香港毫無認識，還以為所有香港人都是大富翁，不然哪有錢住在幾十層高的大樓？可是慢慢地芋頭對香港愈來愈了解，我們會一起看香港的旅遊書，一起去香港旅行，旅行時他深深地愛上了香港的菠蘿包、鴛鴦、雲吞麵，回到日本後會想念香港的夜景，想再去一次長洲踏單車……看着一個日本人從對你出身的地方毫無認識，到他深深愛上香港，主動去書局買書學廣東話，在推特上看到關於香港的新聞會馬上轉發給我……這個轉變實在令我十分感動，有點像苦澀的單戀開花結果了的感覺。在我的世界中，香港與日本，終於從單戀變成相戀，哪有比這更令人愉快的結局呢？

我在日本經常都會煮家鄉菜，好像是咕嚕肉、醉雞配菜飯、大閘蟹等等，還從香港把茶餐廳奶茶帶過來了。耳濡目染之下芋頭也漸漸愛上了香港的飲食文化，令我開心又感動。

芋頭除了愛上了香港美食
之外，還有香港迪士尼樂
園，令原本不喜歡的我也
不小心喜歡上了～

3. 配偶簽證 等三年就可以 申請永久居留權

　　功利主義一點看，跟日本人交往還有一個很大的優點，就是你的配偶簽證可能有着落啦（笑）跟日本人結婚後，可以向入國管理局申請「配偶簽證」。配偶簽證其中一個特點，就是不會跟工作簽證一樣，沒有工作就沒簽證。如果你拿配偶簽證，可以在日本當家庭主婦、打散工等，這些都是拿工作簽證的人沒辦法享受到的福利。

　　另外還有一樣超大特典，就是一般我們這種拿工作簽證的人必須要在日本住滿十年，其中包括在日本工作五年才可以申請「永住權」，相當於永久居留權。可是如果你手上拿着的是配偶簽證的話，只要在配偶簽證生效開始在日本住夠三年都沒有離婚，就可以申請永住權，比一般人申請永住權的速度快了三倍以上！當然如果只是為了永久居留權而欺騙日本人跟你結婚是絕對罪無可恕的，可是如果是認認真真談戀愛，到結婚之後還可以很快便拿到永住權，這難道不是日本政府送給大家最棒的結婚禮物嗎？

談戀愛還可以輕鬆拿到永住權，也太棒了吧！

居日菜鳥の求生術

港人在日的生活攻略本

著者
Mika

責任編輯
林可欣　李穎宜

裝幀設計
鍾啟善

排版
何秋雲

出版者
萬里機構出版有限公司
香港北角英皇道 499 號北角工業大廈 20 樓
電話：2564 7511　　傳真：2565 5539
電郵：info@wanlibk.com
網址：http://www.wanlibk.com
　　　http://www.facebook.com/wanlibk

發行者
香港聯合書刊物流有限公司
香港新界大埔汀麗路 36 號
中華商務印刷大廈 3 字樓
電話：2150 2100　　傳真：2407 3062
電郵：info@suplogistics.com.hk

承印者
美雅印刷製本有限公司

出版日期
二零二零年七月第一次印刷

規格
特 32 開（210 mm × 148 mm）